Esercizi di programmazione in C

Esercitazioni per il corso di Fondamenti di Informatica

Fulvio Corno   Silvia Chiusano

Politecnico di Torino – Dipartimento di Automatica e Informatica

Versione 2.01

13 marzo 2011

Indice

Indice i

1 Introduzione 1

I Esercizi 3

2 Primo programma in C 4
    2.1 Asterischi 4
    2.2 Somma di due numeri 4
    2.3 Precedente e successivo 4
    2.4 Media tra due numeri 4
    2.5 Calcolo di aree 4
    2.6 Semplice Calcolatrice 4
    2.7 Cartellino del prezzo 5

3 Scelte ed alternative 6
    3.1 Indovina cosa fa 6
    3.2 Segno del numero 6
    3.3 Controlla segno 6
    3.4 Valore assoluto 6
    3.5 Controlla A e B 7
    3.6 Classificazione triangolo 7
    3.7 Equazioni di primo grado 7
    3.8 Stampa dei mesi 7
    3.9 Semplice calcolatrice 2 7
    3.10 Semplice calcolatrice 3 8
    3.11 Calcolo del massimo 8
    3.12 Prevendita biglietti 8
    3.13 Calcolo del massimo a 3 8
    3.14 Equazione di secondo grado 8
    3.15 Re e Regina 9

4 Cicli ed iterazioni 10
    4.1 Indovina cosa fa 2 10
    4.2 Somma di N valori 10
    4.3 Somma di un numero di valori indefinito 10
    4.4 Conteggio dei numeri inseriti 10
    4.5 Lettura di numeri con terminazione data dalla somma 11
    4.6 Disequazione 11
    4.7 Media dei numeri 11

    4.8   Massimo e minimo 11
    4.9   Quadrati perfetti 11
    4.10 Elevamento a potenza 11
    4.11 Conversione Binario-Decimale 12
    4.12 Fattoriale 12
    4.13 Generazione sequenza di numeri consecutivi 12
    4.14 Numeri in sequenza consecutivi 12
    4.15 Classificazione di sequenze 12
    4.16 Divisori di un numero 13
    4.17 Metodo di bisezione 13
    4.18 Massimo comune divisore di 2 numeri 13
    4.19 Minimo comune multiplo di 2 numeri 13
    4.20 Conversione Decimale-Binaria e viceversa 13
    4.21 Serie armonica 13
    4.22 Numeri triangolari, quadrati e pentagonali 14
    4.23 Quadrato di asterischi 14
    4.24 Disegno figure geometriche 14
    4.25 Rappresentazione del triangolo di Floyd 15
    4.26 Opposto di un numero binario in complemento a 2 15
    4.27 Somma di numeri binari 15
    4.28 Conversione Decimale-Binario 15
    4.29 Numeri di Fibonacci 16
    4.30 Indovina il numero 16

5 Vettori   **18**
    5.1   Ricerca di un elemento in vettore 18
    5.2   Verificare se un vettore contiene tutti elementi uguali 18
    5.3   Copia degli elementi pari 18
    5.4   Verifica ordinamento vettore 18
    5.5   Stampa istogrammi 18
    5.6   Opposto di un numero in complemento a 2 19
    5.7   Operazione di shift di un vettore 19
    5.8   Compattazione di un vettore 19
    5.9   Intersezione di due vettori 20
    5.10 Calcolo di occorrenze 20
    5.11 Fusione di due vettori ordinati 20

6 Caratteri e stringhe   **22**
    6.1   Conta vocali e consonanti 22
    6.2   Sostituisci carattere 22
    6.3   Codifica di una parola 22
    6.4   Primo carattere maiuscolo 23
    6.5   Conversione binario decimale 23
    6.6   Parola palindroma 23
    6.7   Anagramma 23
    6.8   Ricerca sottostringa 23
    6.9   Nomi di persona 24
    6.10 Sostituisci sottostringa 24
    6.11 Eliminazione dei caratteri duplicati 24

7 Matrici – Vettori di stringhe   **25**
    7.1   Elementi negativi 25
    7.2   Stampa matrice a spirale 25
    7.3   Concorso di intelligenza 25
    7.4   Elemento di media massima 25
    7.5   Statistiche testo 25

7.6 Rubrica telefonica 26
7.7 Eliminazione dei caratteri duplicati - addendum 26
7.8 Nomi e cognomi 26
7.9 Sottomatrici a somma nulla 27
7.10 Ricerca sottomatrice 27
7.11 Gestione magazzino 27
7.12 Viaggio del topolino 27
7.13 Gioco del 15 28
7.14 Gioco dell'impiccato 28

8 Funzioni 29
8.1 Calcolo fattoriale 29
8.2 Funzione di ricerca di un elemento in vettore 29
8.3 Confronto stringhe 29
8.4 Tutto in maiuscolo 30

9 I/O avanzato e File 31
9.1 Minuti lavorati 31
9.2 Cartoline 31
9.3 Registro d'esame 32
9.4 Sostituzione lettere 33
9.5 Superfici e Volumi 34
9.6 Statistiche caratteri 34
9.7 Temperature 35
9.8 Presenze ai corsi 36
9.9 Media esami 37
9.10 Consumi di toner 37
9.11 Ricette di cucina 38
9.12 Olimpiadi invernali 39
9.13 Azioni in borsa 40
9.14 Classifica campionato 41
9.15 Salto in lungo 42
9.16 Lunghezza parole 43
9.17 Entrate ed uscite 43

II Soluzioni 45

10 Soluzioni: Primo programma in C 46
10.1 Esercizio 2.2 (Somma di due numeri) 46
10.2 Esercizio 2.3 (Precedente e successivo) 46
10.3 Esercizio 2.4 (Media tra due numeri) 47
10.4 Esercizio 2.5 (Calcolo di aree) 47
10.5 Esercizio 2.6 (Semplice Calcolatrice) 48

11 Soluzioni: Scelte ed alternative 50
11.1 Esercizio 3.1 (Indovina cosa fa) 50
11.2 Esercizio 3.2 (Segno del numero) 50
11.3 Esercizio 3.4 (Valore assoluto) 51
11.4 Esercizio 3.5 (Controlla A e B) 52
11.5 Esercizio 3.6 (Classificazione triangolo) 53
11.6 Esercizio 3.7 (Equazioni di primo grado) 57
11.7 Esercizio 3.8 (Stampa dei mesi) 57
11.8 Esercizio 3.9 (Semplice calcolatrice 2) 60
11.9 Esercizio 3.11 (Calcolo del massimo) 61
11.10 Esercizio 3.13 (Calcolo del massimo a 3) 62

11.11 Esercizio 3.14 (Equazione di secondo grado) 64

12 Soluzioni: Cicli ed iterazioni　66
12.1 Esercizio 4.1 (Indovina cosa fa 2) 66
12.2 Esercizio 4.7 (Media dei numeri) 66
12.3 Esercizio 4.8 (Massimo e minimo) 67
12.4 Esercizio 4.9 (Quadrati perfetti) 68
12.5 Esercizio 4.11 (Conversione Binario-Decimale) 69
12.6 Esercizio 4.12 (Fattoriale) 70
12.7 Esercizio 4.15 (Classificazione di sequenze) 71
12.8 Esercizio 4.16 (Divisori di un numero) 73
12.9 Esercizio 4.18 (Massimo comune divisore di 2 numeri) 74
12.10 Esercizio 4.19 (Minimo comune multiplo di 2 numeri) 75
12.11 Esercizio 4.24 (Disegno figure geometriche) 76
12.12 Esercizio 4.25 (Rappresentazione del triangolo di Floyd) 80
12.13 Esercizio 4.26 (Opposto di un numero binario in complemento a 2) 81
12.14 Esercizio 4.27 (Somma di numeri binari) 82
12.15 Esercizio 4.28 (Conversione Decimale-Binario) 85
12.16 Esercizio 4.29 (Numeri di Fibonacci) 85

13 Soluzioni: Vettori　87
13.1 Esercizio 5.1 (Ricerca di un elemento in vettore) 87
13.2 Esercizio 5.2 (Verificare se un vettore contiene tutti elementi uguali) 88
13.3 Esercizio 5.4 (Verifica ordinamento vettore) 89
13.4 Esercizio 5.5 (Stampa istogrammi) 90
13.5 Esercizio 5.6 (Opposto di un numero in complemento a 2) 91
13.6 Esercizio 5.7 (Operazione di shift di un vettore) 93
13.7 Esercizio 5.8 (Compattazione di un vettore) 94
13.8 Esercizio 5.9 (Intersezione di due vettori) 95
13.9 Esercizio 5.10 (Calcolo di occorrenze) 100
13.10 Esercizio 5.11 (Fusione di due vettori ordinati) 103

14 Soluzioni: Caratteri e stringhe　106
14.1 Esercizio 6.1 (Conta vocali e consonanti) 106
14.2 Esercizio 6.2 (Sostituisci carattere) 107
14.3 Esercizio 6.3 (Codifica di una parola) 108
14.4 Esercizio 6.4 (Primo carattere maiuscolo) 109
14.5 Esercizio 6.5 (Conversione binario decimale) 110
14.6 Esercizio 6.6 (Parola palindroma) 111
14.7 Esercizio 6.8 (Ricerca sottostringa) 112
14.8 Esercizio 6.10 (Sostituisci sottostringa) 114

15 Soluzioni: Matrici – Vettori di stringhe　116
15.1 Esercizio 7.3 (Concorso di intelligenza) 116
15.2 Esercizio 7.5 (Statistiche testo) 117
15.3 Esercizio 7.6 (Rubrica telefonica) 118
15.4 Esercizio 7.11 (Gestione magazzino) 120

16 Soluzioni: Funzioni　123
16.1 Esercizio 8.1 (Calcolo fattoriale) 123
16.2 Esercizio 8.2 (Funzione di ricerca di un elemento in vettore) 123
16.3 Esercizio 8.3 (Confronto stringhe) 123
16.4 Esercizio 8.4 (Tutto in maiuscolo) 124

17 Soluzioni: I/O avanzato e File　125
17.1 Esercizio 9.1 (Minuti lavorati) 125

17.2 Esercizio 9.2 (Cartoline) 127
17.3 Esercizio 9.3 (Registro d'esame) 128
17.4 Esercizio 9.4 (Sostituzione lettere) 131
17.5 Esercizio 9.5 (Superfici e Volumi) 132
17.6 Esercizio 9.6 (Statistiche caratteri) 133
17.7 Esercizio 9.7 (Temperature) 134
17.8 Esercizio 9.8 (Presenze ai corsi) 135
17.9 Esercizio 9.9 (Media esami) 137
17.10 Esercizio 9.10 (Consumi di toner) 140
17.11 Esercizio 9.11 (Ricette di cucina) 142

III Materiale di riferimento 144

18 Schede riassuntive 145
18.1 Primo programma in C 145
18.2 Istruzioni di scelta in C 147
18.3 Cicli ed iterazioni in C 149
18.4 Vettori in C 154
18.5 Caratteri e stringhe in C 156
18.6 Matrici e Vettori di stringhe in C 158
18.7 Tipi di dato in C 161
18.8 Funzioni in C 162
18.9 I/O Avanzato in C 163
18.10 Gestione dei file in C 166

19 Funzioni di utilità 168
19.1 Funzione myerror 168
19.2 Funzione myfopen 168
19.3 Funzione myfclose 168

Capitolo *1*

Introduzione

> *All things begin with one*
> Isshinkai Manual

Questa dispensa vuole essere un tentativo di raccogliere in forma organica numerosi esercizi di programmazione in C, organizzati per livelli di difficoltà crescente, prodotti ed utilizzati nel corso degli anni nel corso di Fondamenti di Informatica presso la IV Facoltà di Ingegneria del Politecnico di Torino, ed ora adatti al programma del corso di Informatica unificato per tutte le facoltà di ingegneria. La successione logica degli argomenti è coerente con il video-corso "Programmazione in C" e gli esercizi di questa dispensa sono in parte mutuati dal quelli del video-corso. Tuttavia il formato della dispensa elettronica ne permette una più agevole consultazione, e permetterà agli autori un costante aggiornamendo dei contenuti.

Attualmente la dispensa contiene testi di esercizi e molte soluzioni. Purtroppo la maggior parte delle soluzioni non sono commentate, il che le rende fruibili solamente agli studenti che abbiano già una cerca comprensione degli argomenti trattati. Abbiamo ritenuto utile pubblicare (sebbene in forma preliminare) questo materiale, piuttosto che rimandarne la pubblicazione ad una successiva versione comprensiva di commenti agli esercizi ed al metodo risolutivo adottato.

Raccomandiamo agli studenti di provare a risolvere ciascun esercizio *in forma individuale*, senza guardare inizialmente alla soluzione proposta, e cercando di renderlo funzionante e verificandolo *al calcolatore*. Solo dopo aver provato *la propria* soluzione al calcolatore, si potrà analizzare la soluzione proposta sul testo. Altrimenti l'esercizio perde buona parte della propria utilità ...

La dispensa è divisa in tre parti:

1. La Parte I (Esercizi, da pagina 4) contiene i testi degli esercizi proposti, divisi per capitoli che rappresentano i diversi argomenti. La struttura dei capitoli è coerente con le unità didattiche del video-corso.

2. La Parte II (Soluzioni, da pagina 46) contiene le soluzioni relative agli esercizi proposti nella Parte I, raggruppate per capitoli di egual nome. Per alcuni esercizi non è (ancora) disponibile la soluzione.

3. La Parte III (Materiale di riferimento, da pagina 145) riporta delle schede riassuntive, funzioni utili, ed altro materiale sintetico di rapida consultazione che può risultare utile nella programmazione in linguaggio C.

Il legame tra testi e soluzioni è facilitato da una serie di riferimenti incrociati:

- a fianco del titolo ciascun esercizio per il quale è disponibile la soluzione, compare il simbolo $\hookrightarrow n$, dove n è il numero di pagina a cui si trova *la soluzione* relativa. Nella versione PDF della dispensa, cliccando su tale simbolo si viene portati direttamente alla soluzione. Qualora tale simbolo non compaia, significa che non vi è alcuna soluzione disponibile per tale esercizio.

- il titolo di ciascuna soluzione riporta il titolo ed il numero dell'esercizio corrispondente, ed è affiancato dal simbolo ↩ n, dove n è il numero di pagina a cui si trova *il testo* dell'esercizio. Anche in questo caso, nella versione PDF è possibile cliccare sul simbolo per venire trasportati direttamente alla pagina corrispondente.

Le soluzioni riportate sono tutte state verificate a calcolatore dagli autori; tuttavia non si possono escludere errori, refusi o imperfezioni. Siete pregati di segnalare via e-mail ogni errore nel testo degli esercizi o nelle relative soluzioni.

Parte I

Esercizi

Capitolo 2

Primo programma in C

printf("hello, world");
Kernighan & Ritchie, 1978

2.1 Asterischi

Scrivere un programma che stampi a video la seguente figura:

```
****
****
```

2.2 Somma di due numeri

↪ 46

Si scriva un programma in linguaggio C che legga due valori interi e visualizzi la loro somma.

2.3 Precedente e successivo

↪ 46

Si scriva un programma in linguaggio C che legga un valore intero e visualizzi il valore intero precedente e il successivo.

2.4 Media tra due numeri

↪ 47

Si scriva un programma in linguaggio C che legga due valori interi e visualizzi la loro media aritmetica.

2.5 Calcolo di aree

↪ 47

Si scriva un programma in linguaggio C che, dato un numero reale D immesso da tastiera, calcoli e stampi:

1. l'area del quadrato di lato D
2. l'area del cerchio di diametro D
3. l'area del triangolo equilatero di lato D

2.6 Semplice Calcolatrice

↪ 48

Si scriva un programma in linguaggio C capace di compiere le 4 operazioni (somma, sottrazione, moltiplicazione e divisione) tra due numeri reali inseriti da tastiera. Dopo che sono stati inseriti i due numeri, detti A e B, il programma dovrà visualizzare i quattro valori A+B, A-B, A*B, A/B. Si ipotizzi che sia B$\neq$0.

2.7 Cartellino del prezzo

Scrivere un programma che richieda all'utente il prezzo di un oggetto, e la percentuale di sconto ad esso applicata, e che stampi a video il cartellino con il prezzo (originale e scontato).

Esempio:

```
Inserisci i dati:
Prezzo: 25
Sconto: 10

Cartellino:
Prezzo: 25.00 euro
Sconto applicato 10%
Prezzo finale: 22.50 euro
```

Capitolo 3

Scelte ed alternative

> *Every choice you make has an end result*
> Zig Ziglar

3.1 Indovina cosa fa

Determinare che cosa fa il seguente frammento di programma in linguaggio C:

```
int a, b, c;
scanf("%d", &a);
scanf("%d", &b);
if( a>b )
{
    c = a ;
    a = b ;
    b = c ;
}
printf("%d\n", b) ;
```

3.2 Segno del numero

Si realizzi un programma in linguaggio C che acquisisca da tastiera un numero e stampi un messaggio che indichi se tale numero sia positivo oppure negativo.

3.3 Controlla segno

Scrivere un programma che legga da tastiera un numero (N) e che stampi:

- se N è un numero positivo, stampi ****
- se N è un numero negativo, stampi $$$$

Nota Poiché il testo non specifica cosa fare se N=0, vi sono 3 possibili soluzioni:

1. se N=0, non stampare nulla
2. se N=0, stampa entrambe le righe
3. se N=0, trattalo come se fosse >0

3.4 Valore assoluto

Si realizzi un programma in linguaggio C che acquisisca da tastiera un numero e stampi il valore assoluto di tale numero.

3.5 Controlla A e B

Si scriva un programma in linguaggio C che legga due numeri da tastiera, detti A e B, e determini le seguenti informazioni, stampandole a video:

1. determini se B è un numero positivo o negativo
2. determini se A è un numero pari o dispari
3. calcoli il valore di $A + B$
4. determini quale scelta dei segni nell'espressione $(\pm A) + (\pm B)$ porta al risultato massimo, e quale è questo valore massimo.

Suggerimento. Nel punto 4., il valore massimo della somma di A e B si può ottenere sommando il valore assoluto di A e di B.

3.6 Classificazione triangolo

Si scriva un programma in linguaggio C che legga da tastiera i valori delle lunghezze dei tre lati di un triangolo (detti A, B e C), e determini:

- se il triangolo è equilatero
- se il triangolo è isoscele
- se il triangolo è scaleno
- se il triangolo è rettangolo.

3.7 Equazioni di primo grado

Data l'equazione
$$ax + b = 0$$
con a e b inseriti da tastiera, scrivere un programma in linguaggio C per determinare il valore di x, se esiste, che risolve l'equazione.

3.8 Stampa dei mesi

Dato un numero intero tra 1 e 12, che rappresenta il mese corrente, stampare il nome del mese per esteso ("Gennaio" ... "Dicembre").

3.9 Semplice calcolatrice 2

Si scriva un programma in linguaggio C che implementi una semplice calcolatrice in grado di compiere le 4 operazioni ($+ - \times \div$) tra numeri interi.

Il programma presenti un semplice menù da cui l'utente indichi (con un numero tra 1 e 4) l'operazione da svolgere. In seguito il programma acquisirà da tastiera i due operandi e stamperà il risultato dell'operazione.

3.10 Semplice calcolatrice 3

Scrivere un programma che legga da tastiera 3 numeri interi. I primi due numeri sono da intendersi come *operandi*, mentre il terzo numero specifica l'*operazione* da fare su di essi. In particolare, se l'*operazione* vale 1, allora occorre calcolare e stampare la *somma* dei due *operandi*. Se l'*operazione* vale 2, occorre calcolare e stampare la *differenza* dei due *operandi*. In tutti gli altri casi stampare un messaggio di errore.

Esempio:

```
Operando 1: 7
Operando 2: 9
Operazione: 1
La somma vale 16

Operando 1: 7
Operando 2: 9
Operazione: 2
La differenza vale -2

Operando 1: 7
Operando 2: 9
Operazione: 3
Operazione non valida
```

3.11 Calcolo del massimo

Si scriva un programma in linguaggio C che acquisisca due numeri interi da tastiera e:

- determini, stampando un messaggio opportuno quale dei due numeri (il primo o il secondo) sia maggiore
- stampi il valore di tale numero.

3.12 Prevendita biglietti

Il servizio di rivendita di biglietti percepisce una provvigione sul prezzo del biglietto. La provvigione è pari al 15% del prezzo del biglietto, ma in ogni caso è pari ad almeno 5 €. Scrivere un programma che, dato il prezzo di un biglietto, calcoli e stampi:

- il valore della provvigione
- il prezzo finale del biglietto

3.13 Calcolo del massimo a 3

Si scriva un programma in linguaggio C che acquisisca tre numeri interi da tastiera e:

- determini, stampando un messaggio opportuno quale dei tre numeri (il primo, il secondo o il terzo) sia maggiore
- stampi il valore di tale numero.

Si trascuri il caso in cui i numeri siano uguali.

3.14 Equazione di secondo grado

Si realizzi un programma in linguaggio C per risolvere equazioni di secondo grado. In particolare, data una generica equazione di secondo grado nella forma

$$ax^2 + bx + c = 0$$

dove a, b, c sono coefficienti reali noti e x rappresenta l'incognita, il programma determini le due radici x_1 ed x_2 dell'equazione data, ove esse esistano.

Si identifichino tutti i casi particolari ($a = 0$, $\Delta \leq 0$, ...) e si stampino gli opportuni messaggi informativi.

3.15 Re e Regina

Su una scacchiera 8x8 sono posizionati due pezzi: il Re bianco e la Regina nera.

Si scriva un programma in linguaggio C che, acquisite le posizioni del Re e della Regina, determini se la Regina è in posizione tale da poter mangiare il Re. Le posizioni dei due pezzi sono identificate da mediante la riga e la colonna su cui si trovano, espresse come numeri interi tra 1 e 8.

Capitolo 4

Cicli ed iterazioni

> *My greatest fear: repetition*
> Max Frisch

4.1 Indovina cosa fa 2

↪ 66

Determinare il valore visualizzato dai seguenti programma nel caso in cui `num=4` e per i seguenti valori della variabile `conta`: `conta=5, conta=0, conta=1, conta= -5`.

```c
int conta, num;
scanf("%d", &conta);
scanf("%d", &num);

while (conta != 0)
{
    num = num * 10;
    conta = conta - 1;
}
printf("%d\n", num) ;
```

```c
int conta, num;
scanf("%d", &conta);
scanf("%d", &num);

while (conta > 0)
{
    num = num * 10;
    conta = conta - 1;
}
printf("%d\n", num) ;
```

4.2 Somma di N valori

Si scriva un programma in linguaggio C per calcolare la somma di un insieme di N numeri inseriti da tastiera. Il programma deve leggere inizialmente il valore di N. In seguito il programma legge gli N numeri e infine ne visualizza la somma.

4.3 Somma di un numero di valori indefinito

Si scriva un programma in linguaggio C per calcolare la somma di un insieme di numeri inseriti da tastiera. Il programma deve:

- leggere una sequenza di numeri
- fermarsi non appena viene inserito il numero 0
- visualizzare il valore corrispondente alla somma dei valori introdotti.

4.4 Conteggio dei numeri inseriti

Un utente inserisce da tastiera una serie di numeri interi positivi, ed il termine della serie è indicato dall'inserimento del valore -1. Il programma, al termine dell'inserimento, deve stampare *quanti numeri pari* l'utente aveva inserito, e *quanti numeri in totale* sono stati inseriti.

Esempio:

```
Inserisci un numero: 5
Inserisci un numero: 3
Inserisci un numero: 6
Inserisci un numero: 5
Inserisci un numero: 2
Inserisci un numero: 5
Inserisci un numero: 7
Inserisci un numero: 7
Inserisci un numero: -1

Numeri totali inseriti: 8
Numeri pari inseriti: 2
```

4.5 Lettura di numeri con terminazione data dalla somma

Si scriva un programma in linguaggio C che legga da tastiera una serie di numeri interi fino a quando la somma di tutti i numeri introdotti fino a quel momento non supera il valore 1000. A quel punto, il programma stampa il valore del prodotto di tutti i numeri inseriti.

4.6 Disequazione

Dato un numero reale positivo Y immesso da tastiera, si scriva un programma in linguaggio C che determini qual è il massimo numero intero positivo X tale per cui sia valida la relazione

$$X^X \leq Y$$

4.7 Media dei numeri

Si scriva un programma in linguaggio C per calcolare la media aritmetica di una serie di numeri inseriti da tastiera. L'introduzione di un valore particolare pari a "0" indica il termine del caricamento dei dati.

4.8 Massimo e minimo

Si scriva un programma in linguaggio C per calcolare il valore massimo e minimo di un insieme di N numeri inseriti da tastiera. Il programma deve leggere il valore di N, ed in seguito deve leggere una sequenza di N numeri. A questo punto il programma deve stampare il massimo ed il minimo tra i numeri inseriti.

4.9 Quadrati perfetti

Si scriva un programma in linguaggio C per il calcolo dei quadrati perfetti per una sequenza di numeri. Il programma deve prima leggere un numero inserito da tastiera, e quindi stampare i primi quadrati perfetti sino al quadrato del numero.

4.10 Elevamento a potenza

Si realizzi un programma che, dati due valori B (numero reale, detto 'base') ed E (numero intero positivo, detto 'esponente'), calcoli e stampi il valore reale di B^E (base elevato ad esponente). Non si utilizzi la funzione `pow()` ma si adotti il metodo delle moltiplicazioni successive.

Esempio:

```
Inserisci B: 3.5
Inserisci E: 4

Risultato B^E = 150.0625
```

4.11 Conversione Binario-Decimale

Si scriva un programma in linguaggio C che converta un numero binario in un numero decimale. Il numero binario è rappresentato su N bit, e il valore di N è inserito da tastiera. L'utente inserisce le cifre del numero binario un bit alla volta, partendo dal bit meno significativo (ossia dal bit di peso 2^0). Il programma visualizzerà il numero decimale corrispondente.

Suggerimento. Per calcolare le potenze di 2 utilizzare la funzione `pow`, includendo la libreria `math.h`. Ad esempio per calcolare 2^5, si scriverà `pow(2,5)`. In generale, data una base a, per calcolare $y = a^b$, si scrive `y = pow(a,b)` includendo la libreria `math.h`.

4.12 Fattoriale

Si scriva un programma in linguaggio C che acquisisca un numero intero positivo N da tastiera e stampi il valore del fattoriale di N.

Suggerimento. Si ricorda che il fattoriale di un numero è il prodotto di tutti i numeri compresi tra 1 ed N.

$$N! = 1 \cdot 2 \cdot 3 \cdot \ldots \cdot (N-1) \cdot N$$

Inoltre $0! = 1$.

4.13 Generazione sequenza di numeri consecutivi

Un utente introduce da tastiera due numeri interi, chiamati INIZIO e LUN. Il programma deve stampare una serie di numeri interi consecutivi. La serie inizia al valore INIZIO ed è lunga LUN elementi.

Esempio:
```
Inserisci Inizio: 7
Inserisci Lun: 4

La serie è: 7 8 9 10
```

4.14 Numeri in sequenza consecutivi

Si scriva un programma in linguaggio C che determini se, in una sequenza di numeri inseriti da tastiera, vi sono due o più numeri consecutivi uguali.

4.15 Classificazione di sequenze

Si scriva un programma in linguaggio C per poter analizzare una sequenza di numeri. Dati N numeri interi letti da tastiera si vogliono calcolare e stampare su schermo diversi risultati:

- quanti sono i numeri positivi, nulli e negativi
- quanti sono i numeri pari e dispari
- se la sequenza dei numeri inseriti è crescente, decrescente oppure né crescente né decrescente.

Suggerimento. Una sequenza è crescente se ogni numero è maggiore del precedente, decrescente se ogni numero è minore del precedente, né crescente né decrescente in tutti gli altri casi.

CAPITOLO 4. CICLI ED ITERAZIONI

4.16 Divisori di un numero

Sia dato un numero intero positivo N inserito da tastiera. Si scriva un programma in linguaggio C che calcoli i numeri interi che sono divisori (con resto uguale a zero) di N. Dire inoltre se N è un numero primo.
Suggerimento.

- Un numero M è divisore di un numero N se il resto della divisione N/M è uguale a zero.

- Un numero è primo se è divisibile solo per 1 o per il numero stesso.

4.17 Metodo di bisezione

Sia data la funzione $y = cos(x)$. Si scriva un programma in linguaggio C in grado di trovare una soluzione all'equazione $y = 0$, utilizzando il metodo di bisezione. Si considerino i valori iniziali $a = 1$ e $b = 3$.

4.18 Massimo comune divisore di 2 numeri

Si scriva un programma in linguaggio C per calcolare il massimo comun divisore (MCD) di due numeri interi positivi. Il MCD è definito come il massimo tra i divisori comuni ai due numeri.
Suggerimento. Si considerino due numeri interi N1 e N2. Il MCD di N1 e N2 è il massimo tra i numeri che sono divisori (con resto uguale a zero) sia di N2 che di N1. In particolare, si supponga che sia N1 minore di N2. Il MCD è il massimo tra i numeri compresi tra 1 e N1 che sono divisori (con resto uguale a zero) sia di N1 che di N2.

4.19 Minimo comune multiplo di 2 numeri

Si scriva un programma in linguaggio C per calcolare il minimo comune multiplo (MCM) di due numeri interi positivi. Dati due numeri interi N1 e N2, il minimo comune multiplo è il più piccolo numero M che è divisibile (con resto pari a zero) sia per N1 che per N2.
Suggerimento. Si considerino due numeri interi N1 e N2. Sia N1 più grande di N2. Il MCM è il primo multiplo di N1 che è divisibile (con resto uguale a zero) per N2.

4.20 Conversione Decimale-Binaria e viceversa

Scrivere un programma in linguaggio C che converta numeri binari in numeri decimali e viceversa a richiesta dell'utente.

Nel caso della conversione di un numero binario in decimale, l'utente inserirà i bit, uno per volta partendo dal meno significativo, e il programma visualizzerà il numero decimale corrispondente, aggiornandolo di un bit a ogni inserimeno. L'immisione dei dati termina quando l'utente inserisce un numero diverso da 1 o 0.

Nel caso della conversione di un numero decimale in binario, l'utente inserirà un numero intero positivo e il programma visualizzerà i bit che compongono il numero binario partendo dal bit meno significativo.

4.21 Serie armonica

La ridotta n-esima della serie armonica è definita come:

$$H_n = 1 + \frac{1}{2} + \frac{1}{3} + \ldots + \frac{1}{n} = \sum_{i=1}^{n} \frac{1}{i}$$

Si scriva un programma in linguaggio C che ripeta i passi seguenti:

- legga da tastiera un numero intero n

- se esso è minore o uguale a 0 termini l'esecuzione, in caso contrario determini e stampi la somma H_n dei primi n termini della serie.

4.22 Numeri triangolari, quadrati e pentagonali

Realizzare tre programmi in linguaggio C che:

1. leggano da tastiera un numero intero n

2. visualizzino ciascuno una delle seguenti grandezze:

    - il numero Triangolare T_n, definito come:

    $$T_n = 1 + 2 + 3 + \ldots + n = \sum_{i=1}^{n} i$$

    - il numero Quadrato Q_n, definito come:

    $$Q_n = 1 + 3 + 5 + 7 + \ldots + (2n - 1) = \sum_{i=1}^{n} (2i - 1)$$

    - il numero Pentagonale P_n, definito come:

    $$P_n = 1 + 4 + 7 + 10 + \ldots + (3n - 2) = \sum_{i=1}^{n} (3i - 2)$$

4.23 Quadrato di asterischi

Si realizzi un programma che legga da tastiera un valore intero N, compreso tra 1 e 10, e stampi a video un "quadrato di asterischi" di lato N.
Esempio:

```
Inserisci N: 5

*****
*****
*****
*****
*****
```

4.24 Disegno figure geometriche

↪ 76

1. Si realizzi un programma in linguaggio C che legga un numero intero N e visualizzi un quadrato di asterischi di lato N (vedi esempio con N = 5).

2. Si realizzi una variante del programma per visualizzare solo i lati del quadrato (vedi esempio con N = 5).

3. Si realizzi una variante del programma per visualizzare un triangolo isoscele rettangolo di lato N (vedi esempio con N = 5).

4. Si realizzi una variante del programma per visualizzare un quadrato di lato N come nell'esempio del caso 4 (con N = 5).

CAPITOLO 4. CICLI ED ITERAZIONI

```
    Caso 1       Caso 2       Caso 3       Caso 4

    * * * * *    * * * * *    *            * + + + +
    * * * * *    *       *    * *          * * + + +
    * * * * *    *       *    * * *        * * * + +
    * * * * *    *       *    * * * *      * * * * +
    * * * * *    * * * * *    * * * * *    * * * * *
```

4.25 Rappresentazione del triangolo di Floyd

Scrivere un programma in linguaggio C per la rappresentazione del triangolo di Floyd. Il triangolo di Floyd è un triangolo rettangolo che contiene numeri naturali, definito riempiendo le righe del triangolo con numeri consecutivi e partendo da 1 nell'angolo in alto a sinistra.

Si consideri ad esempio il caso N=5. Il triangolo di Floyd e' il seguente:

```
1
2 3
4 5 6
7 8 9 10
11 12 13 14 15
```

Il programma riceve da tastiera un numero intero N. Il programma visualizza le prime N righe del triangolo di Floyd.
Suggerimento. Si osserva che il numero di valori in ogni riga corrisponde all'indice della riga: 1 valore sulla prima riga, 2 sulla seconda, 3 sulla terza.

4.26 Opposto di un numero binario in complemento a 2

Scrivere un programma in linguaggio C che riceva in ingresso un numero binario rappresentato in complemento a 2 su N bit. Inizialmente l'utente inserisce il numero N di bit. Quindi inserisce le cifre del numero binario un bit alla volta, partendo dal bit meno significativo. Il programma calcola l'opposto del numero binario ricevuto in ingresso. Tale numero sarà visualizzato partendo dalla cifra meno significativa.
Suggerimento. Per poter effettuare il calcolo del risultato, utilizzare il metodo secondo il quale si considerano le cifre del numero binario in complemento a due a partire dalla meno significativa alla più significativa (ossia da destra verso sinistra). Si ricopiano in uscita tutti gli zeri fino al primo 1 compreso. Dopo si invertono i restanti bit.

4.27 Somma di numeri binari

Si considerino due numeri binari rappresentati in binario puro su N bit. Il valore di N viene inserito da tastiera. I due numeri sono inseriti da tastiera un bit alla volta a partire dal bit meno significativo (LSB). Si scriva un programma in linguaggio C per eseguire la somma dei due numeri. Il programma deve visualizzare il risultato delle somma, ed indicare se si è verificata la condizione di overflow.

4.28 Conversione Decimale-Binario

Scrivere un programma in linguaggio C che converta un numero decimale D in un numero binario rappresentato su N bit. L'utente inserisce un numero decimale intero positivo D e il numero N di bit su cui il numero decimale deve essere rappresentata. Il programma visualizzerà i bit che compongono il numero binario partendo dal bit meno significativo. Il programma segnalerà un errore se il numero N di bit inserito dall'utente non è sufficiente per rappresentare il numero decimale.

Suggerimento. Per effettuare la conversione usare il metodo delle divisioni successive. Ad esempio, per convertire il numero decimale D=19 su N=7 bit, si avrà:

Numero	Resto	Cifra binaria	Peso
19	1 (19%2)	1	0
9 (19/2)	1 (9%2)	1	1
4 (9/2)	0 (4%2)	0	2
2 (4/2)	0 (2%2)	0	3
1 (2/2)	1 (1%2)	1	4
0 (1/2)	0 (0%2)	0	5
0 (0/2)	0 (0%2)	0	6

Nota: nell'applicazione del metodo delle divisioni successive, l'iterazione termina quando è stato assegnato un valore a ciascuno degli N bit.

4.29 Numeri di Fibonacci

Scrivere un programma in linguaggio C che calcoli e stampi i primi N numeri della serie di Fibonacci, con N inserito da tastiera. La serie di Fibonacci inizia con 1, 1 ed ogni numero successivo è dato dalla somma dei due precedenti: 1, 1, 2, 3, 5, 8, 13, 21 ...

4.30 Indovina il numero

Si scriva un programma in C per giocare al gioco "indovina un numero". Un primo utente inserisce da tastiera un numero segreto (tra 1 e 100). Il secondo utente deve indovinare il numero, entro un massimo di 10 tentativi.

Ad ogni tentativo l'utente inserisce il numero ipotizzato, ed il programma può rispondere "esatto", "troppo alto" oppure "troppo basso". Allo scadere del decimo tentativo, se il numero non è stato indovinato, il programma stampa "hai perso". Nel caso in cui il numero venga indovinato, il programma termina senza chiedere ulteriori tentativi.

Esempio (numero indovinato):

```
Numero segreto: 44

Indovina il numero!

Tentativo numero 1: 15
Troppo basso

Tentativo numero 2: 80
Troppo alto

Tentativo numero 3: 44
Esatto!
```

Esempio (numero non indovinato):

```
Numero segreto: 44

Indovina il numero!

Tentativo numero 1: 15
Troppo basso

Tentativo numero 2: 80
Troppo alto

Tentativo numero 3: 54
Troppo alto

...
```

```
Tentativo numero 10: 40
Troppo basso

Hai perso!
```

Suggerimento fare una prima versione dove **non** esiste il limite dei 10 tentativi (si possono fare infiniti tentativi e non si perde mai).

Capitolo 5

Vettori

Great things are done by a series of small things brought together
Vincent Van Gogh

5.1 Ricerca di un elemento in vettore

↪ 87

Scrivere un programma in linguaggio C che riceve in ingresso una sequenza di N numeri interi. I numeri sono memorizzati in un vettore. Il valore N è inserito dall'utente, ma il vettore può contenere al massimo 30 numeri. Terminato l'inserimento della sequenza di numeri, l'utente inserisce un valore di riferimento. Il programma deve indicare se tale valore di riferimento è contenuto nel vettore.

5.2 Verificare se un vettore contiene tutti elementi uguali

↪ 88

Scrivere un programma in linguaggio C che riceve in ingresso una sequenza di N numeri interi. I numeri sono memorizzati in un vettore. Il valore N è inserito dall'utente, ma il vettore può contenere al massimo 30 numeri. Terminato l'inserimento della sequenza di numeri, il programma deve verificare se gli elementi del vettore sono tutti uguali tra loro.

5.3 Copia degli elementi pari

Un programma deve leggere dall'utente due vettori di 5 elementi ciascuno. Il programma deve creare un ulteriore vettore, che contenga la copia dei *soli elementi pari* presenti nei due vettori di partenza, e stampare tale vettore.

5.4 Verifica ordinamento vettore

↪ 89

Scrivere un programma in linguaggio C che riceve in ingresso una sequenza di N numeri interi. I numeri sono memorizzati in un vettore. Il valore N è inserito dall'utente, ma il vettore può contenere al massimo 30 numeri. Terminato l'inserimento della sequenza di numeri, il programma deve verificare se il vettore contiene una sequenza di numeri ordinata in modo strettamente crescente.

5.5 Stampa istogrammi

↪ 90

Scrivere un programma in linguaggio C che riceve in ingresso una sequenza di N numeri interi. Il valore N è inserito dall'utente. I numeri sono memorizzati in un vettore. Terminato l'inserimento della sequenza di numeri, il programma deve visualizzare una riga di asterischi per ogni numero inserito. Il numero di asterischi nella riga è pari al valore del numero inserito. Ad esempio, dato il vettore 9 4 6 il programma deve visualizzare:

```
Elemento 1: 9 *********
Elemento 2: 4 ****
```

```
Elemento 3: 6 ******
```

5.6 Opposto di un numero in complemento a 2

Scrivere un programma che riceve in ingresso un numero binario rappresentato in complemento a 2 su N bit. Inizialmente l'utente inserisce il numero N di bit. Quindi inserisce le cifre del numero binario un bit alla volta, partendo dal bit più significativo (MSB). Terminato l'inserimento del numero, il programma esegue le seguenti operazioni:

1. visualizza il numero inserito partendo dal bit più significativo

2. calcola l'opposto del numero binario ricevuto in ingresso

3. visualizza l'opposto del numero binario ricevuto in ingresso partendo dal bit più significativo (MSB).

Per poter effettuare il calcolo del risultato, utilizzare il metodo secondo il quale si considerano le cifre del numero binario in complemento a due a partire dalla meno significativa (LSB) alla più significativa (MSB) (ossia da destra verso sinistra). Si ricopiano in uscita tutti gli zeri fino al primo 1 compreso. Dopo si invertono i restanti bit.
Suggerimento. Utilizzare come punto di partenza il programma sviluppato nell'esercizio 4.26.

5.7 Operazione di shift di un vettore

Scrivere un programma in linguaggio C che riceve in ingresso una sequenza di N numeri interi. Il valore N è inserito dall'utente. I numeri sono memorizzati in un vettore. Il programma esegue le seguenti operazioni:

1. visualizza il vettore

2. esegue uno spostamento (shift) a sinistra di una posizione del contenuto del vettore. Pertanto ogni elemento del vettore deve assumere il valore dell'elemento immediatamente successivo all'interno del vettore. L'elemento di indice N-1 deve assumere il valore zero.
   Ad esempio dato il vettore: 1 10 15 18
   Il programma deve generare il vettore: 10 15 18 0
   Il programma visualizza il vettore ottenuto.

3. esegue uno spostamento (shift) a destra di una posizione del contenuto del vettore ottenuto nel passo precedente. Pertanto ogni elemento del vettore deve assumere il valore dell'elemento immediatamente precedente all'interno del vettore. L'elemento di indice 0 deve assumere il valore zero.
   Ad esempio dato il vettore: 10 15 18 0
   Il programma deve generare il vettore: 0 10 15 18
   Il programma visualizza il vettore ottenuto.

Nota. Nella definizione di "destra" e "sinistra" si immagini il vettore stampato orizzontalmente, a partire dalla cella di indice 0.

5.8 Compattazione di un vettore

Scrivere un programma in linguaggio C che legge N numeri interi da tastiera e li memorizza in un vettore. Il numero N viene inserito dall'utente ed è minore di 20. Il programma deve generare un secondo vettore che compatta i numeri contenuti nel primo vettore. In particolare:

- ogni numero che compare ripetuto nel primo vettore, deve comparire una sola volta nel secondo vettore

- ogni numero uguale a zero presente nel primo vettore non deve comparire nel secondo vettore.

Il programma deve visualizzare il contenuto del secondo vettore.

Ad esempio, si supponga N=8 e si consideri la sequenza di numeri 1 18 3 0 24 3 6 0 inseriti da tastiera. Il programma deve visualizzare 1 18 3 24 6.

5.9 Intersezione di due vettori

Siano dati due vettori di interi inseriti da tastiera. La lunghezza dei due vettori è inserita dall'utente da tastiera. I due vettori possono avere lunghezze diverse, ma possono contenere al massimo 30 numeri. Si scriva un programma in linguaggio C per generare un terzo vettore che contiene l'intersezione tra due vettori. Tale vettore deve contenere i numeri presenti in entrambi i vettori dati.

Ad esempio, si assuma che siano stati inseriti i due vettori:
1 6 15 20 25
2 20 18 6
Il programma deve visualizzare la sequenza 6 20.

5.10 Calcolo di occorrenze

Scrivere un programma in linguaggio C che legge N numeri interi da tastiera e li memorizza in un vettore. Il numero N viene inserito dall'utente ed è minore di 20. Il programma deve visualizzare, per ogni cifra contenuta nel vettore, il numero di occorrenze.

Ad esempio, si supponga N=7 e si consideri la sequenza di numeri 1 6 15 6 2 15 15. Il programma deve visualizzare:

```
numero 1 occorrenze 1
numero 6 occorrenze 2
numero 15 occorrenze 3
numero 2 occorrenze 1
```

Suggerimento. Per ogni numero presente nel vettore, il numero di occorrenze deve essere visualizzato una sola volta (ad esempio per i numeri 6 e 15). Utilizzare un vettore di supporto per poter tenere traccia dei numeri nel vettore per cui sono già state calcolate le occorrenze. Gestire questo vettore di supporto in modo analogo al vettore per la compattazione di una sequenza, visto nell'esercizio 5.8 "Compattazione di un vettore".

5.11 Fusione di due vettori ordinati

Scrivere un programma in linguaggio C che esegue la fusione di due vettori di interi ordinati in modo crescente. Il programma deve eseguire le seguenti operazioni:

1. leggere due vettori di N interi. Il numero N viene inserito dall'utente ed è minore di 20. I due vettori possono avere lunghezza diversa. I due vettori si suppongono già ordinati in maniera crescente.

2. creare un terzo vettore di lunghezza pari alla somma delle lunghezze dei due vettori dati. Il vettore dovrà contenere i numeri contenuti nei due vettori di partenza. I numeri nel vettore devono essere ordinati in modo crescente.

3. stampare il vettore generato.

Ad esempio, si assuma che siano stati inseriti i due vettori
1 6 15 20 25
2 8 18 19.
Il programma dovrà visualizzare la sequenza 1 2 6 8 15 18 19 20 25

Capitolo 6

Caratteri e stringhe

6.1 Conta vocali e consonanti

↪ 106

Scrivere un programma in linguaggio C che legga una frase introdotta da tastiera. La frase è terminata dall'introduzione del carattere di invio. La frase contiene sia caratteri maiuscoli che caratteri minuscoli, e complessivamente al più 100 caratteri. Il programma dovrà stampare su schermo le seguenti informazioni:

- per ognuna delle lettere dell'alfabeto, il numero di volte che la lettera compare nella stringa
- il numero di consonanti presenti nella stringa
- il numero di vocali presenti nella stringa.

6.2 Sostituisci carattere

↪ 107

Scrivere un programma in linguaggio C che legga una frase introdotta da tastiera. La frase è terminata dall'introduzione del carattere di invio e contiene complessivamente al più 100 caratteri. Il programma deve svolgere le seguenti operazioni:

- visualizzare la frase inserita
- costruire una nuova frase in cui tutte le occorrenze del carattere '.' sono sostituite con il carattere di ritorno di linea '\n'. Il programma deve memorizzare la nuova frase in una opportuna variabile
- visualizzare la nuova frase.

6.3 Codifica di una parola

↪ 108

Scrivere un programma in linguaggio C che legga una frase introdotta da tastiera. La frase è terminata dall'introduzione del carattere di invio. La frase contiene sia caratteri maiuscoli che caratteri minuscoli, e complessivamente al più 100 caratteri. Il programma deve svolgere le seguenti operazioni:

- visualizzare la frase inserita;
- costruire una nuova frase tale che ogni lettera vocale presente nella frase di partenza sia seguita dalla lettera 'f' (se la vocale è minuscola) o dalla lettera 'F' (se la vocale è maiuscola) nella nuova frase. Il programma deve memorizzare la nuova frase in una opportuna variabile.
- visualizzare la nuova frase.

Ad esempio, la frase VacAnze di NaTAle diviene VafcAFnzef dif NafTAFlef.

CAPITOLO 6. CARATTERI E STRINGHE

6.4 Primo carattere maiuscolo

Scrivere un programma in linguaggio C che legga una frase introdotta da tastiera. La frase è terminata dall'introduzione del carattere di invio. La frase contiene sia caratteri maiuscoli che caratteri minuscoli, e complessivamente al più 100 caratteri. Il programma deve svolgere le seguenti operazioni:

- visualizzare la frase inserita

- costruire una nuova frase in cui il primo carattere di ciascuna parola nella frase di partenza è stato reso maiuscolo. Tutti gli altri caratteri devono essere resi minuscoli. Il programma deve memorizzare la nuova frase in una opportuna variabile

- visualizzare la nuova frase.

Ad esempio la frase `cHe bElLA gIOrnaTa` diviene `Che Bella Giornata`.

6.5 Conversione binario decimale

Scrivere un programma in linguaggio C che legga da tastiera un numero binario puro sotto forma di una stringa di caratteri (0 o 1) lunga al massimo 24 bit. Il programma deve:

- controllare che la stringa inserita sia corretta, vale a dire composta solo da caratteri 0 e 1

- convertire il numero binario inserito nell'equivalente valore decimale

- stampare sul video il valore decimale.

6.6 Parola palindroma

Scrivere un programma in linguaggio C che riceve in ingresso una parola inserita da tastiera. Si consideri che la parola può contenere sia caratteri maiuscoli che caratteri minuscoli, e complessivamente al massimo 30 caratteri. Il programma deve svolgere le seguenti operazioni:

- visualizzare la parola inserita

- aggiornare la parola in modo che tutti i caratteri siano minuscoli. Il programma deve visualizzare la parola ottenuta

- verificare se la parola è palindroma. Una parola è palindroma se può essere letta indifferentemente da sinistra verso destra e da destra verso sinistra. Ad esempio, le seguenti parole sono palindrome: `otto`, `madam`.

6.7 Anagramma

Date due stringhe inserite da tastiera, dire se esse sono l'anagramma l'una dell'altra.

6.8 Ricerca sottostringa

Si scriva un programma in linguaggio C che riceva in ingresso due parole inserite da tastiera. Si consideri che ciascuna parola può contenere al massimo 30 caratteri. Il programma deve verificare se la seconda parola inserita è contenuta almeno una volta all'interno della prima parola (ossia se la seconda parola è una sottostringa della prima parola).

6.9 Nomi di persona

Un programma legge dall'utente una serie di nomi di persona. L'inserimento termina quando l'utente immette il nome fasullo *.

Il programma dovrà stampare:

- quanti nomi sono stati inseriti
- qual è il nome che, nell'ordine alfabetico, verrebbe per primo
- qual è il nome più lungo, e di quanti caratteri è composto.

6.10 Sostituisci sottostringa

↪ 114

Si scriva un programma in linguaggio C che riceva in ingresso due parole inserite da tastiera. Si consideri che ciascuna parola può contenere al massimo 30 caratteri. Il programma deve sostituire ogni occorrenza della seconda parola nella prima parola con una sequenza di caratteri '*'.

Ad esempio, inserite le parole `abchdfffchdtlchd` e `chd`, il programma deve visualizare la parola `ab***fff***tl***`.

6.11 Eliminazione dei caratteri duplicati

Data una stringa A letta da tastiera, si realizzi un programma in linguaggio C che calcoli una seconda stringa B ottenuta dalla prima cancellando tutti i caratteri che compaiono più di una volta. La stringa risultante deve dunque contenere i caratteri della prima stringa, nello stesso ordine, ma senza ripetizioni.

Esempio: `ACCIDENTI AL TRAFFICO` diviene `ACIDENT LRFO`.

Capitolo 7

Matrici – Vettori di stringhe

7.1 Elementi negativi

Data una matrice di dimensione uguale a 10 righe per 10 colonne contenente elementi reali, scrivere un programma in linguaggio C per individuare se esistono righe o colonne composte solo da elementi negativi.

7.2 Stampa matrice a spirale

Si scriva un programma in linguaggio C che, data una matrice quadrata NxN, stampi gli elementi di tale matrice secondo un ordinamento a spirale, partendo dalla cornice più esterna e procedendo verso l'interno.

7.3 Concorso di intelligenza

In un concorso di intelligenza, N giudici esprimono il loro giudizio su K candidati. Il giudizio è un valore numerico tra 0 e 5.

Si scriva un programma in linguaggio C per determinare il candidato più intelligente, ed il giudice più severo.

7.4 Elemento di media massima

Si realizzi un programma in linguaggio C che, data una matrice NxM di interi, trovi l'elemento per cui la media degli elementi ad esso *adiacenti* sia massima. Si stampino le coordinate di tale elemento ed il suo valore.

Si considerino come *adiacenti* a ciascun elemento i quattro elementi nelle quattro direzioni cardinali. Si tratti inoltre l'ultima colonna come adiacente alla prima, e l'ultima riga come adiacente alla prima. Si supponga che N ed M possano variare tra 1 e 100. I valori di N ed M, così come i valori degli elementi della matrice, vengono acquisiti da tastiera.

7.5 Statistiche testo

Si scriva un programma in C che acquisisca da tastiera un testo libero, composto da più righe (max 1000) di un numero di caratteri non superiore a 100 ciascuna. L'inserimento termina quando l'utente inserirà una riga uguale a FINE.

Al termine dell'acquisizione del testo, il programma dovrà stampare le seguenti statistiche:

1. il numero totale di righe inserite [1];

---

[1] esclusa quella contentente FINE

CAPITOLO 7. MATRICI – VETTORI DI STRINGHE

2. il numero totale di caratteri inseriti;

3. il numero totale di caratteri *alfanumerici* inseriti;

4. il numero totale di *parole* inserite.

7.6 Rubrica telefonica

↪ 118

Si realizzi un programma in linguaggio C in grado di gestire una rubrica di nomi e numeri telefonici. La rubrica deve contenere fino a 100 voci diverse. Ciascuna voce è composta da un nome (max 40 caratteri) e da un numero di telefono (max 20 caratteri).

Il programma deve fornire all'utente un menù di scelta, con le seguenti voci:

```
1) Aggiungi nuova voce in rubrica
2) Ricerca esatta per nome
3) Ricerca approssimata per nome
4) Stampa completa rubrica
0) Esci dal programma
```

Una volta che l'utente ha scelto l'operazione desiderata (1-4), il programma acquisirà i dati necessari dall'utente ed eseguirà il comando. Nota: nella rubrica non possono esistere due voci con lo stesso nome.

7.7 Eliminazione dei caratteri duplicati - addendum

Si riprenda l'Esercizio 6.11 del capitolo precedente, e lo si estenda per dire anche se esistono:

- dei nomi duplicati

- dei nomi duplicati, senza tenere conto delle differenze tra maiuscole e minuscole

- dei nomi duplicati, senza tenere conto delle differenze tra maiuscole e minuscole né degli spazi

7.8 Nomi e cognomi

Sia dato un insieme di nomi e cognomi di persone. Si scriva un programma in linguaggio C che raggruppi le persone con ugual cognome, stampando di seguito tutti i nomi delle persone che hanno lo stesso cognome.

I nomi ed i cognomi devono essere letti da tastiera, come nell'esempio, finché non viene letto il nome FINE LISTA. L'ordine con cui si stampano i nomi ed i cognomi non è importante.

Esempio:

```
Introduci nome e cognome: Mario Rossi
Introduci nome e cognome: Giuseppe Verdi
Introduci nome e cognome: Paolo Rossi
Introduci nome e cognome: Paolo Bianchi
Introduci nome e cognome: Antonio Verdi
Introduci nome e cognome: Luca Neri
Introduci nome e cognome: Paolo Verdi
Introduci nome e cognome: Giuseppe Neri
Introduci nome e cognome: FINE LISTA

Le persone di cognome Rossi sono: Mario, Paolo
Le persone di cognome Verdi sono: Giuseppe, Antonio, Paolo
Le persone di cognome Bianchi sono: Paolo
Le persone di cognome Neri sono: Luca, Giuseppe
```

CAPITOLO 7. MATRICI – VETTORI DI STRINGHE

7.9 Sottomatrici a somma nulla

Si scriva un programma in linguaggio C in grado di determinare se in una matrice NxM acquisita da tastiera vi sono sottomatrici quadrate in cui la somma degli elementi è nulla.

7.10 Ricerca sottomatrice

Date due matrici A e B acquisite da tastiera, scrivere un programma in linguaggio C per determinare se una di esse è sottomatrice dell'altra. Le dimensioni delle matrici devono anch'esse essere acquisite da tastiera.

7.11 Gestione magazzino

↪ 120

Un'azienda deve tenere traccia dei beni presenti in un magazzino. L'utente inserisce da tastiera dei "comandi" nel seguente formato:

```
bene EU quantità
```

dove:

- `bene` è il nome di un bene;
- `EU` è la lettera `'E'` per entrata, `'U'` per uscita;
- `quantità` è la quantità di bene entrata o uscita.

L'utente termina il caricamento inserendo un comando pari a FINE. In tal caso il programma deve stampare le quantità di beni presenti a magazzino.

Esempio:

```
viti E 10
dadi E 50
viti U 5
viti E 3
FINE

    Beni presenti nel magazzino:
    viti 8
    dati 50
```

7.12 Viaggio del topolino

Si realizzi un programma in linguaggio C in grado di simulare il movimento di un topolino.

Si dispone di una matrice Q, di dimensione $N \times N$, che descrive le caratteristiche di una certa area: in ciascuna locazione $Q(x, y)$ della matrice vi è la quota del quadratino di superficie posto alle coordinate (x, y). A partire da una posizione iniziale del topolino, (x_0, y_0), si stampino le coordinate di tutti i quadratini toccati dal topolino se esso segue le seguenti regole di movimento:

- il topolino si sposta ad ogni passo di un solo quadratino, nelle 8 direzioni possibili;
- il topolino sceglie il quadratino su cui muoversi determinando il quadratino di *quota massima* tra gli 8 adiacenti;
- se tutti i quadratini adiacenti sono ad una quota inferiore rispetto al quadratino attuale, il topolino si ferma.

7.13 Gioco del 15

Si realizzi un programma in linguaggio C che permetta di giocare al gioco del 15. In tale gioco, una scacchiera 4x4 contiene 15 pezzi (numerati da 1 a 15) ed una casella vuota. Il giocatore ad ogni mossa può spostare uno dei pezzi adiacenti alla casella vuota nella casella vuota stessa. Il programma deve avvisare il giocatore quando il gioco è stato risolto (ossia quando i numeri compaiono nell'ordine numerico corretto).

Il giocatore specifica le proprie mosse indicando il numero del pezzo da spostare nella casella vuota, come nel seguente esempio:

8	5	2	4
11	1		7
12	10	3	15
9	13	14	6

Le mosse possibili sono: 2, 1, 7, 3. Se il giocatore sceglie la mossa 3, le mosse possibili diventano: 3, 10, 15, 14

7.14 Gioco dell'impiccato

Si realizzi un programma in linguaggio C che permetta di giocare al gioco dell'impiccato. Il gioco si svolge tra due giocatori: il primo giocatore inserisce la parola segreta da indovinare, mentre il secondo la deve indovinare.

Il secondo giocatore conosce la lunghezza della parola segreta, e ad ogni tentativo specifica una lettera (si considerino le lettere maiuscole equivalenti alle minuscole): se tale lettera compare nella parola, il programma indica in quali posizioni, altrimenti il tentativo è considerato un errore. Il gioco termina quando il secondo giocatore ha indovinato tutte le lettere della parola (ed in tal caso egli vince) oppure quando ha totalizzato 10 errori (nel qual caso perde).

Esempio:
```
Giocatore 1, immetti la parola segreta: Esame

Giocatore 2, indovina!
La parola e': _ _ _ _ _
Tentativo? e
Indovinato! La parola e': E _ _ _ E
Tentativo? o
Errore! La parola e': E _ _ _ E
Tentativo? a
Indovinato! La parola e': E _ A _ E
```

...e così via.

Capitolo 8

Funzioni

8.1 Calcolo fattoriale

↪ 123

Si scriva una funzione in C, denominata `fatt`, che calcoli il fattoriale di un numero intero dato. Per via della velocità di crescita della funzione, il valore restituito deve essere codificato in un `double`, nonostante sia in effetti un valore intero.

8.2 Funzione di ricerca di un elemento in vettore

↪ 123

Si scriva una funzione in C, denominata `cerca`, che ricerchi la presenza di un elemento in un vettore di interi.

La funzione riceve in ingresso tre parametri:

1. un vettore di interi `v[]` nel quale ricercare il valore;

2. un un valore intero `N` che indica quanti elementi contiene il vettore;

3. il valore intero `x` che deve essere ricercato.

La funzione deve restituire un valore intero, ed in particolare:

- se il valore `x` è presente nel vettore, allora la funzione restituisce l'indice della posizione alla quale si trova tale valore;

- se il valore `x` è presente più volte, si restituisca l'indice della *prima* occorrenza;

- se il valore `x` non è presente nel vettore, si restituisca `-1`.

8.3 Confronto stringhe

↪ 123

Si scriva una funzione in C, denominata `iniziali`, che valuti quanti caratteri iniziali sono in comune tra due stringhe date. La funzione riceve due parametri, entrambi di tipo stringa, e restituisce il numero intero.

Ad esempio:

- se la funzione venisse chiamata come `iniziali("ciao", "cielo")`, dovrebbe restituire 2 in quanto i primi due caratteri sono identici.

- se la funzione venisse chiamata come `iniziali("ciao", "salve")`, dovrebbe restituire 0 in quanto nessun carattere iniziale è in comune

8.4 Tutto in maiuscolo

↪ 124

Si scriva una funzione in C, denominata `alltoupper`, che converta in maiuscolo tutti i caratteri della stringa passata come parametro. In pratica, si tratta della versione "potenziata" della funzione di libreria `toupper`, la quale però agisce solo su un singolo carattere.

Capitolo 9

I/O avanzato e File

9.1 Minuti lavorati

↪ 125

Un'azienda ha dotato i propri dipendenti di un sensore wireless che emette un codice numerico ogni volta che un dipendente attraversa la porta d'ingresso/uscita dell'azienda o ne transita nelle vicinanze. L'azienda ha meno di 1000 dipendenti. Ad ogni attraversamento, il sensore registra ora e minuti del passaggio, insieme al codice del dipendente (un codice alfanumerico di max 10 caratteri).

Si desidera sviluppare un programma in linguaggio C per il calcolo delle ore lavorative dei dipendenti dell'azienda. Il programma riceve sulla linea di comando un primo parametro, che rappresenta il nome del file contenente gli attraversamenti, ed un secondo parametro (opzionale), che rappresenta il codice numerico di un dipendente.

Il file è relativo ai passaggi di una sola giornata, ed è composto da una serie di righe, ciascuna delle quali corrisponde ad un passaggio, ed è composta da tre campi:
```
ora minuti codice_dipendente
```
Se il programma viene invocato con un due parametri sulla linea di comando (vi è il codice del dipendente), allora dovrà stampare, per il dipendente specificato, il numero totale di minuti lavorati. Per determinare il numero di minuti lavorati occorre confrontare l'orario del *primo* passaggio con l'orario dell'*ultimo* passaggio per quel dipendente.

Se invece il programma viene invocato con un solo parametro sulla linea di comando (il codice del dipendente è assente), allora il programma dovrà stampare il numero totale di dipendenti *diversi* che hanno lavorato in quel giorno (ossia che sono passati almeno una volta dalla porta).

Ad esempio, dato il seguente file di testo `passaggi.txt`:

```
8 30 abc222
8 30 abc123
8 31 azx112
9 10 abc123
12 10 abc123
```

il programma (chiamato `orario.c`) si dovrà comportare nel modo seguente:

```
c:> orario passaggi.txt
Ci sono 3 dipendenti diversi.

c:> orario passaggi.txt abc123
Il dipendente abc123 ha lavorato per 220 minuti.
```

9.2 Cartoline

↪ 127

Realizzare un programma in linguaggio C per registrare le cartoline scambiate tra un gruppo di amici (massimo 20 amici).

L'elenco delle cartoline è memorizzato in un file di testo, composto da un numero imprecisato di linee, ciascuna delle quali contiene tre elementi: il nome del mittente, il nome del destinatario ed il nome della località da cui la cartolina è stata inviata. I nomi degli amici e delle località sono da intendersi privi di spazi e lunghi al massimo 30 caratteri ciascuno.

Il programma riceve come primo parametro sulla linea di comando il nome del file di testo, mentre il secondo parametro può essere la stringa `new` oppure la stringa `find`.

Il comando `new` richiede ulteriori tre parametri sulla linea di comando, corrispondenti ai nomi degli amici e della località, e deve aggiungere tali informazioni in coda al file. Il programma deve segnalare con un messaggio errore l'eventuale tentativo di re-introdurre una cartolina identica ad una già esistente.

Il comando `find` è invece seguito da un solo ulteriore parametro sulla linea di comando, corrispondente al nome di un amico. In questo caso il programma deve stampare l'elenco degli amici che hanno spedito cartoline all'amico specificato e le località corrispondenti.

Esempio

Supponiamo che il programma si chiami `cartoline` e che il file `car.txt` contenga i seguenti dati:

```
Gino Toni Rimini
Gino Luigi Rimini
Toni Gino Maldive
Luigi Toni Moncalieri
```

In tal caso attivando il programma nel seguente modo:

```
cartoline car.txt find Toni
```

dovrà essere generato il seguente output:

```
Cartoline ricevute da Toni:
  Gino da Rimini
  Luigi da Moncalieri
```

Invece, attivando il programma col seguente comando:

```
cartoline car.txt new Toni Luigi Roma
```

dovrà essere aggiunta in coda al file `car.txt` la seguente riga:

```
Toni Luigi Roma
```

9.3 Registro d'esame

↪ 128

Si desidera sviluppare un programma in linguaggio C per gestire in modo informatico un registro di esame.

Il registro è memorizzato in un file di testo con nome `registro.txt` e contiene i dati di N studenti, ove N è il numero intero scritto nella prima riga del file. Dopo questa prima riga, ogni riga successiva contiene il dato relativo ad un singolo studente, indicando il numero di matricola dello studente (numero intero compreso 1 e 999999) ed il voto conseguito (numero intero con valore tra 18 e 30, oppure zero per indicare che l'esame non è ancora stato sostenuto).

Il programma può essere attivato in due modi diversi.

Se viene attivato passando come primo parametro sulla linea di comando la parola `stat` allora deve fornire le seguenti statistiche: numero di studenti promossi (e relativa percentuale sul totale, espressa con una cifra dopo la virgola) e voto medio degli studenti promossi (indicato con una sola cifra dopo la virgola).

Il programma può anche essere attivato passando come primo parametro la parola `voto`, come secondo parametro il numero di matricola di uno studente e come ultimo parametro il voto conseguito dallo studente. In questo caso il programma deve inserire nel file il voto dello studente, segnalando però errore nel caso che lo studente non sia iscritto all'esame (ossia il suo numero di matricola non compaia nel file) oppure abbia già superato l'esame (ossia voto diverso da zero nella riga contenente la sua matricola).

Ad esempio se il file `registro.txt` contenesse i seguenti dati:

```
3
33467 30
24356 0
224678 18
```

ed il programma – supposto chiamarsi `esame` – venisse attivato con la seguente riga di comando:

```
esame stat
```

allora il programma dovrebbe produrre il seguente output:

```
promossi = 2 (66.7 %)
voto medio = 24.0
```

Se invece il programma venisse attivato nel seguente modo:

```
esame voto 24356 24
```

allora dopo l'esecuzione del programma il file `registro.txt` dovrebbe contenere i seguenti dati:

```
3
33467 30
24356 24
224678 18
```

9.4 Sostituzione lettere

↪ 131

Si desidera sviluppare un programma in linguaggio C per la modifica di un file di testo. La modifica consiste nel sostituire – scambiandoli tra loro – due caratteri alfabetici dati. In particolare, tutte le occorrenze del primo carattere dovranno essere sostituite dal secondo e viceversa. La sostituzione deve avvenire mantenendo la forma (maiuscola o minuscola) della lettera originaria.

Il programma riceve sulla linea di comando tre parametri: il nome del file di testo da elaborare, il nome di un secondo file di testo nel quale salvare il risultato ed una stringa di 2 caratteri che specifica i caratteri da scambiare.

Il file di testo è composto da un numero imprecisato di linee.

Ad esempio, se il programma – supposto chiamarsi `scambia` – venisse attivato con la seguente riga di comando:

```
scambia TESTO.TXT MODIF.TXT ae
```

ed il file `TESTO.TXT` contenesse i seguenti dati:

```
QUEL RAMO del lago di Como, che volge a mezzogiorno,
tra due CATENE non interrotte di MONTI, tutto a seni e a golfi,
a seconda dello sporgere E DEL RIENTRARE di quelli, vien, quasi
```

allora il programma dovrebbe produrre il seguente file `MODIF.TXT` perché dovrebbe sostituire tutte le lettere A (a) con E (e) e tutte le lettere E (e) con A (a):

```
QUAL REMO dal lego di Como, cha volga e mazzogiorno,
tre dua CETANA non intarrotta di MONTI, tutto e sani a e golfi,
e saconde dallo sporgara A DAL RIANTRERE di qualli, vian, quesi
```

9.5 Superfici e Volumi

Si desidera sviluppare un programma in linguaggio C per il calcolo delle superfici e dei volumi di un edificio.

Il programma riceve sulla riga di comando due parametri: il primo è il nome del file che contiene le dimensioni dell'edificio mentre il secondo è il numero di piani di cui è composto l'edificio.

La struttura dell'edificio è descritta in un file di testo così organizzato. Per ogni piano è presente una prima riga contenente due valori interi: il numero di stanze presenti nel piano e l'altezza del piano. Tale riga è seguita da tante righe quante sono le stanze, ognuna contenente due valori che rappresentano le dimensioni della stanza. Tutte le stanze sono di forma rettangolare, tutte le dimensioni sono espresse in centimetri e sono date come numeri interi positivi.

Il programma deve calcolare e presentare sull'unità di output standard:

- la superficie totale di tutte le stanze dell'edificio, espressa in metri quadri
- il volume totale di tutte le stanze dell'edificio, espresso in metri cubi.

Ad esempio, se il programma – supposto chiamarsi `dimef` – venisse attivato con la seguente riga di comando:

```
dimef CASA.TXT 2
```

(ovvero l'edificio è composto da due piani e le relative dimensioni si trovano nel file `CASA.TXT`) ed il file `CASA.TXT` contenesse i seguenti dati:

```
2 300
200 200
200 400
1 200
200 300
```

(ovvero il primo piano è alto 300 cm e consiste di due stanze rispettivamente di 200 cm × 200 cm e 200 cm × 400 cm, mentre il secondo piano è alto 200 cm e consiste di un'unica stanza di 200 cm × 300 cm) allora il programma dovrebbe produrre il seguente output:

```
Superficie totale dell'edificio: 18.00 metri quadri
Volume totale dell'edificio: 48.00 metri cubi
```

9.6 Statistiche caratteri

Si desidera sviluppare un programma in linguaggio C per il calcolo di statistiche sui caratteri presenti in un file di testo il cui nome è specificato come primo parametro sulla riga di comando.

Il programma deve considerare tutti i caratteri tranne quelli di spaziatura e fornire in output:

- il numero di righe di cui è composto il testo
- il numero totale di caratteri (esclusi quelli di spaziatura) presenti nel testo
- il numero massimo e medio di caratteri di una riga
- la riga più lunga incontrata nel file.

Ad esempio, se al programma fosse fornito un file col seguente testo:

```
La Vispa Teresa
tra l'erbetta
rincorrea
la farfalletta.
```

allora dovrebbe produrre il seguente output:

```
numero di righe: 4
numero di caratteri: 48
numero di caratteri per riga:
- medio 12.0
- massimo 14
riga più lunga:
   La Vispa Teresa
```

9.7 Temperature

↪ 134

Si desidera sviluppare un programma in linguaggio C per il calcolo di statistiche sulle temperature registrate in varie città italiane.

Il programma riceve in un file di testo (il cui nome è specificato come primo parametro sulla riga di comando) le informazioni sulle temperature. Ogni riga del file ha il seguente formato:

```
temperatura   luogo
```

dove:

- `temperatura` è un numero in formato floating-point che esprime la temperatura rilevata;

- `luogo` è il nome del luogo ove la temperatura è stata rilevata (stringa di caratteri priva di spazi composta al massimo da 31 caratteri).

Eventuali righe con formato errato devono essere scartate segnalando l'errore (es. *riga n. X errata - ignorata*).

Il programma riceve come secondo parametro sulla riga di comando il nome di una località per la quale deve calcolare il valore medio della temperatura.

Infine se è presente un terzo parametro sulla riga di comando (opzionale) allora esso indica una soglia di temperatura per la quale si chiede che il programma indichi il numero di giorni in cui tale soglia è stata superata.

Ad esempio, supponiamo che il file `tluoghi.txt` contenga i seguenti dati:

```
24.0 Torino
26.0 Milano
27.2 Milano
26.0 Torino
28.0 Torino
29.4 Milano
```

Se il programma – denominato `temperatura` – viene attivato con la seguente riga di comando:

```
temperatura tluoghi.txt Torino
```

allora deve produrre il seguente output:

```
Torino:
- temperatura media 26.0
```

Se invece il programma venisse attivato con la seguente riga di comando:

```
temperatura tluoghi.txt Torino 24.5
```

allora deve produrre il seguente output:

```
Torino:
- temperatura media 26.0
- 2 giorni con T > 24.5
```

9.8 Presenze ai corsi

↪ 135

Un professore vuole realizzare un programma che gli permetta di effettuare delle statistiche sulle presenze ai corsi universitari da lui tenuti.

Ogni corso universitario è caratterizzato da un codice (es. 06AZNDI). Ogni volta che il docente effettua una lezione, deve richiamare il programma per inserire le informazioni relative a tale lezione, ed in particolare: data e numero di studenti presenti alla lezione.

Le informazioni sono memorizzate in un *file di lavoro* denominato `lezioni.txt`. Tale file è composto da un numero variabile, non noto a priori, di righe, ciascuna delle quali contiene le informazioni relative ad una singola lezione. Il file può contenere le informazioni relative a molti corsi diversi, liberamente inframmezzati. Il formato di ciascuna riga del file è il seguente:

```
codice data numstudenti
```

dove:

- `codice` è il **codice del corso** (max 10 caratteri, senza spazi);

- `data` è la **data della lezione**, rappresentata come numero intero tra 1 e 365;

- `numstudenti` è il **numero di studenti presenti**, rappresentato come numero intero positivo.

Il programma viene richiamato con due argomenti sulla linea di comando: il primo argomento indica il codice del corso interessato, mentre il secondo indica l'operazione da eseguire. L'operazione può essere `I` per "inserimento" oppure `S` per "statistiche." In particolare:

- nel caso di inserimento di una nuova lezione (relativa al corso indicato sulla linea di comando), il programma chiederà all'utente le informazioni necessarie (data e numero di studenti) ed aggiornerà il file di lavoro aggiungendovi una riga. Compiuta tale elaborazione, il programma termina.

- stampa delle statistiche di un corso. In tal caso il programma calcola e stampa, per il corso indicato sulla linea di comando, le seguenti quantità: data della lezione con il maggior numero di studenti, data della lezione con il minor numero di studenti, numero medio di studenti presenti alle lezioni. In seguito il programma termina.

Ad esempio, supponendo che il programma sia denominato `registro`, e che il file `lezioni.txt` sia inizialmente vuoto, una possibile interazione con il programma è la seguente (si noti che `c:>` è il *prompt* del sistema operativo):

```
c:> registro 06AZNDI I
Data: 101
Studenti: 40
c:> registro 04KKZWE I
Data: 104
Studenti: 99
c:> registro 06AZNDI I
Data: 98
Studenti: 45
c:> registro 06AZNDI S
Il minimo di studenti si e' raggiunto in data 101
Il massimo di studenti si e' raggiunto in data 98
La media di studenti vale 42.5
```

9.9 Media esami

Si desidera calcolare e stampare il valor medio dei voti riportati dagli studenti in esami universitari. I voti sono riportati in un file di testo il cui nome è fornito come primo parametro sulla linea di comando.

Il file contiene una riga per ogni esame registrato. Ogni riga contiene in sequenza:

- il numero di matricola dello studente (al massimo 6 cifre)

- il codice dell'esame, composto da 4 cifre di cui quella più significativa indica l'anno di corso dell'esame (1 per il primo anno, 2 per il secondo anno, ...)

- la data dell'esame, composta da 8 cifre secondo il formato AAAAMMGG (es. il 23 gennaio 2007 sarebbe indicato come 20070123)

- il voto ottenuto (al massimo 2 cifre).

Non è noto a priori il numero di righe presenti nel file. La media deve essere stampata con una sola cifra dopo la virgola. Si noti che il file contiene la registrazione anche delle insufficienze (ossia voti < 18) ma tali voti non devono essere considerati nel calcolo della media.

Il programma riceve inoltre come ulteriori parametri sulla linea di comando delle indicazioni circa l'insieme di voti da considerare nel calcolo della media, secondo la seguente codifica:

- -aN media dei voti degli esami dell'anno N-esimo;

- -sM media dei voti dello studente con matricola M;

- -eC media dei voti dell'esame con codice C.

Si può assumere che sia presente sempre solo uno di questi tre parametri.

Ad esempio se il file `VOTI.TXT` contenesse i seguenti dati:

```
1234   1001  20050123  30
98765  1001  20050123  18
98765  1021  20050912  21
1234   2027  20051023  28
```

il programma (che si suppone chiamato `media`) dovrebbe generare i seguenti risultati quando attivato come indicato:

linea di comando	*output prodotto*
media VOTI.TXT -s1234	29.0
media VOTI.TXT -a1	23.0
media VOTI.TXT -e1001	24.0

9.10 Consumi di toner

Si desidera analizzare la statistica dei consumi di toner di un'azienda per ottimizzare gli acquisti futuri.

La quantità di cartucce di toner prelevate dal magazzino ogni giorno è riportata all'interno di un file di testo il cui nome è passato come primo parametro sulla riga di comando.

Il file contiene una riga per ogni giorno. Ogni riga contiene in sequenza:

- il nome del dipartimento che ha prelevato il toner (una stringa lunga al massimo 5 caratteri);

- un numero intero (valore minimo 1 e massimo 99) che indica la quantità di cartucce di toner prelevate in quel giorno da quel dipartimento.

Non è noto il numero di righe presenti nel file.

Il programma riceve inoltre come secondo argomento sulla linea di comando il nome di un dipartimento per il quale calcolare l'indicatore statistico dato come terzo argomento sulla linea di comando secondo la seguente codifica:

- `-min` indica che si desidera il valore minimo;

- `-max` indica che si desidera il valore massimo;

- `-med` indica che si desidera il valore medio (da stamparsi in output con un cifra dopo la virgola).

Ad esempio se il file `TONER.TXT` contenesse i seguenti dati:

```
CONT 10
MAGAZ 20
CONT 15
```

ed il programma (che si suppone chiamato `stat`) venisse attivato con la seguente linea di comando:

```
stat toner.txt CONT -med
```

allora dovrebbe generare in output la seguente riga;

```
12.5
```

9.11 Ricette di cucina

↪ 142

Suor Germana vuole realizzare una versione elettronica delle sue famose ricette di cucina, sotto forma di un programma scritto in C. In particolare, si vuole che il programma identifichi quali sono le ricette cucinabili, dato il contenuto attuale del frigorifero di una massaia.

Il programma accede a due file:

1. un file di testo (denominato `Germana.txt`) contenente gli ingredienti necessari per tutte le ricette di Suor Germana secondo il seguente formato:

    - ogni riga è nella forma `ricetta ingrediente quantità`
    - `ricetta` è una stringa (max 20 caratteri, senza spazi) che indica il nome della ricetta
    - `ingrediente` è una stringa (max 20 caratteri, senza spazi) che indica il nome di un ingrediente
    - `quantità` è un numero reale che indica la quantità di tale ingrediente nella ricetta corrispondente
    - sia `ricetta`, sia `ingrediente` sono ripetuti più volte nel file, ma sempre in associazione a ingredienti o ricette diversi
    - non è noto a priori il numero di righe del file, né è specificato alcun ordinamento noto per il file.

2. un file di testo (il cui nome è passato come primo parametro sulla linea di comando) rappresentante il contenuto attuale del frigorifero secondo il seguente formato:

CAPITOLO 9. I/O AVANZATO E FILE

- ogni riga è nella forma `ingrediente quantità`
- `ingrediente` corrisponde ad uno degli ingredienti presenti nel file delle ricette
- `quantità` è un numero reale che identifica la quantità presente di tale ingrediente nel frigorifero
- ogni ingrediente è presente una sola volta in questo file
- non è noto a priori il numero di righe del file, né è specificato alcun ordinamento noto per il file.

Il programma riceve come argomenti sulla linea di comando il nome del file contenente le disponibilità del frigorifero ed il nome di una ricetta, e deve fornire in output l'elenco degli ingredienti della ricetta (con l'indicazione se ciascuno di essi è disponibile o meno) e la conclusione finale se la ricetta scelta può essere preparata.

Ad esempio se i file `Germana.txt` e `frigo.txt` contenessero i seguenti dati:

```
(Germana.txt)                          (frigo.txt)
  padellino uovo 1                       uovo 1
  frittata olio 0.3                      olio 0.5
  padellino olio 0.2                     parmigiano 0.1
  frittata uovo 1
  coque uovo 1
  frittata parmigiano 0.2
```

ed il programma (denominato `cerca`) venisse attivato con la riga di comando;

```
cerca frigo.txt frittata
```

allora dovrebbe produrre il seguente risultato:

```
Ingredienti:
- olio: OK
- uovo: OK
- parmigiano: richiesto 0.2, disponibile 0.1
Ricetta 'frittata' impossibile
```

9.12 Olimpiadi invernali

Uno sportivo vuole seguire gli eventi delle olimpiadi invernali di Torino 2006. Poiché molte gare si svolgono in parallelo, lo sportivo ha il problema di riuscire a selezionare il maggior numero possibile di gare di suo interesse.

L'elenco di tutte le gare è contenuto in un file di testo, in cui le gare sono indicate una per riga, in ordine casuale, nel formato (che si può supporre privo di errori, e composto al massimo da 100 righe):

```
giorno tipo_gara finale
```

dove:

- `giorno` è il giorno in cui si svolge la gara (un numero intero compreso tra 10 e 26, poiché mese ed anno sono sottintesi)

- `tipo_gara` è la disciplina che viene disputata, rappresentata come stringa priva di spazi lunga al massimo 50 caratteri (esempio: slalom_gigante, pattinaggio_artistico, ...). È ovviamente possibile che lo stesso `tipo_gara` compaia più volte (molte gare impiegano diversi giorni)

- `finale` è un intero (con significato Booleano) che indica se la gara è una finale (valore pari a 1) oppure una gara eliminatoria (valore pari a 0)

ns Il programma riceve come primo argomento sulla linea di comando il nome del file contenente il calendario delle gare e deve produrre in output un elenco in cui, per ogni giorno (in ordine da 10 e 26), si suggerisca all'utente quale disciplina guardare in TV. La disciplina suggerita deve essere scelta secondo le seguenti regole:

1. se in un determinato giorno vi è una sola disciplina, indicare quella

2. se in un determinato giorno vi sono due o più discipline in parallelo, ne verrà scelta una arbitrariamente dal programma

3. se in un determinato giorno non vi sono discipline, si scriva "niente di interessante"

È opzionale – ma fornisce punti aggiuntivi – considerare che se una gara è una finale, deve avere la precedenza rispetto alle altre gare.

Ad esempio se il file delle gare contenesse i seguenti dati:

```
12 pattinaggio 0
14 discesa 1
13 discesa 0
12 discesa 0
11 slalom 0
12 slalom 1
```

allora in il programma potrebbe generare il seguente output (si noti la scelta obbligata della finale il giorno 12):

```
giorno 11: slalom
giorno 12: slalom
giorno 13: discesa
giorno 14: discesa
giorno 15: niente di interessante
...
giorno 26: niente di interessante
```

9.13 Azioni in borsa

Un file ASCII contiene l'elenco dei clienti di una banca che possiedono azioni. Si suppone che esistano solo cinque aziende quotate in borsa e quindi ogni riga del file contiene sei numeri interi non negativi che sono, rispettivamente, il numero identificativo del cliente e la quantità posseduta di azioni delle cinque aziende quotate.

Si desidera scrivere un programma che:

- legga i dati dei clienti da un file il cui nome è passato come primo argomento sulla riga di comando

- esegua le azioni specificate dai successivi 5 argomenti sulla riga di comando, che rappresentano rispettivamente:

    - il numero identificativo del cliente (1 ... 10000)
    - il numero identificativo dell'azienda (1 ... 5)
    - l'operazione da svolgere (A per acquisto, V per vendita, G per assegnazione gratuita)
    - il numero di azioni coinvolte (se l'operazione è G allora il numero seguente è la percentuale di azioni assegnate gratuitamente al cliente in base a quante già possedute, in tutti gli altri casi è un numero assoluto di azioni)
    - il nome di un file nel quale scrivere l'elenco dei clienti così modificato.

A titolo di esempio, si supponga che il file CLIENTI.TXT contenga i seguenti dati:

```
23   0   0 100 200   0
 9   0 100   0 200   0
97   0   0  10  94   0
```

Se il programma (chiamato GESTIONE) venisse attivato nel modo seguente:

    GESTIONE CLIENTI.TXT 97 1 A 50 CLIENTI2.TXT

allora il file CLIENTI2.TXT dovrebbe contenere i seguenti dati (a seguito dell'acquisto di 50 azioni della società n. 1 da parte del cliente n. 97):

```
23   0   0 100 200   0
 9   0 100   0 200   0
97  50   0  10  94   0
```

Se invece il programma venisse attivato nel modo seguente:

    GESTIONE CLIENTI.TXT 9 2 G 10 CLIENTI2.TXT

allora il file CLIENTI2.TXT dovrebbe contenere i seguenti dati (a seguito dell'assegnazione gratuita del 10% di azioni della società n. 2 al cliente n. 9):

```
23   0   0 100 200   0
 9   0 110   0 200   0
97   0   0  10  94   0
```

È opzionale – ma fornisce punti aggiuntivi – considerare che se il numero del cliente è zero allora l'azione deve essere applicata a tutti i clienti.

9.14 Classifica campionato

Si desidera realizzare un programma in grado di calcolare la classifica di un campionato di calcio giocato tra un massimo di 64 squadre, numerate consecutivamente a partire da 1.

I risultati sono memorizzati in un file ASCII il cui nome è passato come unico argomento sulla linea di comando. Questo file contiene un risultato per riga nel formato:

   squadra1   *squadra2*   *goal1*   *goal2*

ove *squadra1* e *squadra2* sono i numeri interi delle due squadre che si sono incontrate mentre e *goal1* e *goal2* sono le reti segnate da ciascuna squadra.

Un file ASCII denominato SQUADRE.TXT contiene i nomi delle squadre (lunghi al massimo 15 caratteri), uno per riga, secondo il seguente formato:
numero_squadra   *nome_squadra*

Il programma deve calcolare e presentare in output per ciascuna squadra:

- il numero di partite giocate

- i punti conseguiti (si ricorda che la vittoria vale tre punti ed il pareggio un punto)

A titolo di esempio, supponendo che i file SQUADRE.TXT e RIS.TXT contengano le seguenti informazioni:

```
(SQUADRE.TXT)                    (RIS.TXT)

2 BIANCHI                        1 2 1 1
1 ROSSI                          3 4 1 0
4 NERI                           1 4 2 0
3 VERDI
```

e che il programma (chiamato CLASSIFICA) venga attivato nel modo seguente:

    CLASSIFICA RIS.TXT

allora il programma deve visualizzare in output le seguenti informazioni:

```
BIANCHI     partite=1 punti=1
ROSSI       partite=2 punti=4
NERI        partite=2 punti=0
VERDI       partite=1 punti=3
```

Volendo realizzare una versione semplificata del programma, è possibile non visualizzare i nomi ma i numeri delle squadre.

9.15 Salto in lungo

Si scriva un programma C per tenere traccia dei vincitori di una gara di salto in lungo. La gara viene condotta da N atleti (max 100), contraddistinti da un numero di pettorale compreso tra 1 ed N. Ciascun atleta ha a disposizione 3 salti, ed il suo risultato è pari al più lungo dei 3 salti effettuati.

L'elenco degli atleti è contenuto in un file di testo `atleti.txt`, memorizzato nel seguente formato:

- nella prima riga il valore di N;

- in ciascuna delle N righe successive vi sono 4 campi separati da spazi: il numero di pettorale, la nazione (sigla di 3 lettere), il cognome ed il nome dell'atleta.

I risultati dei salti sono contenuti in un secondo file di testo, il cui nome viene passato come unico parametro sulla linea di comando, ed è memorizzato nel seguente formato:

- ogni riga rappresenta un salto, ed è composta da un insieme di campi separati da spazi;

- il primo campo è il numero di pettorale;

- in caso di salto non valido, il secondo campo ha il valore "N" e non vi sono ulteriori campi;

- in caso di salto valido, il secondo campo ha il valore "V" ed è presente un terzo campo, contenente la lunghezza del salto in centimetri, espressa come numero intero;

- le righe possono presentarsi in qualsiasi ordine.

Si realizzi un programma che, ricevendo sulla linea di comando il nome del secondo file, stampi i vincitori della gara di salto in lungo, indicando il *nome* e la *nazionalità* della medaglia d'oro, d'argento e di bronzo.

Esempio:
Si supponga che il file `atleti.txt` contenga i seguenti campi:

```
25
1 ITA Rossi Mario
2 FRA Pompidou Georges
3 GER Otto Franz
...
```

e che il file `lunghezze.txt` contenga i seguenti campi:

```
1 N
2 V 800
3 V 810
1 V 805
2 N
```

```
3 N
1 V 808
2 V 813
3 V 805
...
```

Se il programma (denominato `salto.c`) venisse invocato con il comando `salto lunghezze.txt`, esso dovrà produrre in uscita:

```
Medaglia d'oro: Pompidou Georges (FRA)
Medaglia d'argento: Otto Franz (GER)
Medaglia di bronzo: Rossi Mario (ITA)
```

9.16 Lunghezza parole

Si scriva un programma in grado di analizzare il contenuto di un file di testo e di calcolare la distribuzione di frequenza della lunghezza delle varie parole in esso contenute.

Per le finalità del presente programma, si definisce "parola" una sequenza di caratteri alfanumerici.

Il programma riceve sulla linea di comando il nome del file da analizzare e produce in uscita una tabella con le frequenze, espresse in valore assoluto (non in percentuale).

Esempio:
Si supponga che il file `diario.txt` contenga il seguente testo:

```
C'era una volta... "Un Re", diranno i miei piccoli lettori.
No, c'era una volta un pezzo di legno!
```

e che il programma (denominato `freqlett.c`) venga invocato con il seguente comando:

```
freqlett diario.txt
```

Il programma dovrà produrre in uscita:

```
Frequenza delle lunghezze delle parole
Parole lunghe 1 caratteri: 3
Parole lunghe 2 caratteri: 5
Parole lunghe 3 caratteri: 4
Parole lunghe 4 caratteri: 1
Parole lunghe 5 caratteri: 4
Parole lunghe 7 caratteri: 3
```

Infatti le parole di 1 carattere sono "C i c", quelle di 2 caratteri sono "Un Re No un di", quelle di 3 caratteri sono "era una era una", quelle di 4 caratteri sono "miei", quelle di 5 caratteri sono "volta volta pezzo legno" e quelle di 7 caratteri sono "diranno piccoli lettori".

9.17 Entrate ed uscite

Un utente memorizza l'elenco delle proprie entrate ed uscite su due file di testo, chiamati rispettivamente `entrate.dat` e `uscite.dat`. Questi file hanno il seguente formato: ogni riga del file corrisponde ad una specifica entrata (o uscita, rispettivamente) ed è composta da tre campi

```
data   importo   motivazione
```

dove:

- `data` indica la data dell'entrata (o uscita) ed è rappresentata da un numero intero tra 1 e 366;

- `importo` indica l'importo dell'entrata (o uscita) espresso in Euro con due cifre decimali per i centesimi;

- `movitazione` descrive la tipologia di spesa, ed è una stringa priva di spazi lunga al massimo 50 caratteri.

Si scriva un programma che riceva sulla linea di comando il nome di un terzo file di testo, relativo alle spese della data odierna. Tale file contiene, sulla prima riga, il numero intero (tra 1 e 366) che indica la data odierna, mentre sulle righe successive contiene una lista di movimenti in tale data. Ciascun movimento è rappresentato da una lettera maiuscola (E per le entrate ed U per le uscite), da un importo e da una motivazione.

Il programma deve leggere tale file, ed aggiornare di conseguenza i file `entrate.dat` e `uscite.dat` aggiungendo in coda le opportune righe.

Al termine, il programma deve calcolare e visualizzare il saldo totale, ossia la differenza tra la somma delle entrate e la somma delle uscite.

Esempio:

```
entrate.dat                     uscite.dat
----------                      ---------
130 10.00 mancia                112 20.50 pizzeria
140  5.50 vendita               130 12.30 pasticcini
```

supponendo che il programma, denominato `bilancio.c`, venga invocato con il comando:

```
bilancio oggi.dat
```

e che il file `oggi.dat` contenga le seguenti linee:

```
160
E 5.20 vendita_libro
U 3.70 pranzo
```

il programma aggiornerà i file come segue:

```
entrate.dat                     uscite.dat
----------                      ---------
130 10.00 mancia                112 20.50 pizzeria
140  5.50 vendita               130 12.30 pasticcini
160  5.20 vendita_libro         160  3.70 pranzo
```

e stamperà un saldo complessivo pari a `-15.80` Euro.

Parte II

Soluzioni

Capitolo 10

Soluzioni: Primo programma in C

10.1 Esercizio 2.2 (Somma di due numeri)

↩ 4

```
/* PROGRAMMAZIONE IN C */

/* File: somma.c */
/* Soluzione proposta esercizio "Somma di due numeri" */

#include <stdio.h>
#include <stdlib.h>

int main(void)
{
    int a, b ; /* addendi */
    int c ; /* somma */

    /* STAMPA COSA ESEGUIRA' IL PROGRAMMA */
    printf("Somma due numeri\n\n") ;

    /* LEGGI GLI ADDENDI */
    printf("Immetti il primo numero: ") ;
    scanf("%d", &a) ;

    printf("Immetti il secondo numero: ") ;
    scanf("%d", &b) ;

    /* CALCOLA LA SOMMA */
    c = a + b ;

    /* STAMPA IL RISULTATO */
    printf("\n") ;
    printf("La somma %d + %d e' uguale a %d\n", a, b, c) ;

    exit(0) ;
}
```

10.2 Esercizio 2.3 (Precedente e successivo)

↩ 4

```
/* PROGRAMMAZIONE IN C */

/* File: precedente_successivo.c */
/* Soluzione proposta esercizio "Precedente e successivo" */

#include <stdio.h>
#include <stdlib.h>

int main(void)
{
    int a ; /* numero inserito */
    int prec, succ ; /* numero precedente e numero successivo */
```

```
            /* LEGGI IL NUMERO */
15          printf("Immetti il numero: ") ;
            scanf("%d", &a) ;

            /* CALCOLA IL NUMERO PRECEDENTE */
            prec = a - 1 ;
20
            /* CALCOLA IL NUMERO SUCCESSIVO */
            succ = a + 1 ;

            /* STAMPA IL RISULTATO */
25          printf("\n") ;
            printf("Il numero inserito e' %d\n", a) ;
            printf("Il numero precedente a %d e' %d\n", a, prec) ;
            printf("Il numero successivo a %d e' %d\n", a, succ) ;

30          exit(0) ;
        }
```

10.3 Esercizio 2.4 (Media tra due numeri)

↩ 4

```
    /* PROGRAMMAZIONE IN C */

    /* File: media.c */
    /* Soluzione proposta esercizio "Media tra due numeri" */
5
    #include <stdio.h>
    #include <stdlib.h>

    int main(void)
10  {
        int a, b ;  /* numeri inseriti */
        float somma ;  /* somma dei due numeri */
        float media ;  /* media dei due numeri */

15      /* STAMPA COSA ESEGUIRA' IL PROGRAMMA */
        printf("Calcolo della media di due numeri\n\n") ;

        /* LEGGI I DUE NUMERI */
        printf("Immetti il primo numero: ") ;
20      scanf("%d", &a) ;

        printf("Immetti il secondo numero: ") ;
        scanf("%d", &b) ;

25      /* CALCOLA LA SOMMA DEI DUE NUMERI */
        somma = a + b ;

        /* CALCOLA LA MEDIA DEI DUE NUMERI */
        media = somma / 2 ;
30
        /* SOLUZIONE ALTERNATIVA PER IL CALCOLO DELLA MEDIA DEI DUE NUMERI.
           LA MEDIA E' CALCOLATA SENZA UTILIZZARE LA VARIABILE SOMMA:
           media = ( a + b ) / 2 ;
        */
35
        /* STAMPA IL RISULTATO */
        printf("\n") ;
        printf("La media aritmetica di %d e %d e' %f\n", a, b, media);

40      exit(0) ;
    }
```

10.4 Esercizio 2.5 (Calcolo di aree)

↩ 4

```
    /* PROGRAMMAZIONE IN C */

    /* File: aree.c */
```

CAPITOLO 10. SOLUZIONI: PRIMO PROGRAMMA IN C   48

```c
    /* Soluzione proposta esercizio "Calcolo di aree" */

    #include <stdio.h>
    #include <stdlib.h>
    #include <math.h>

    int main(void)
    {
        float d ;               /* numero inserito */
        float aq, ac, at;       /* area quadrato, cerchio, triangolo */
        float r ;               /* raggio del cerchio */

        float rad3_4 ;          /* costante pari a radice(3)/4 */

        rad3_4 = sqrt(3) / 4 ;

        /* STAMPA COSA ESEGUIRA' IL PROGRAMMA */
        printf("Calcolo di aree\n\n") ;

        /* LEGGI IL NUMERO */
        printf("Immetti il valore di D: ") ;
        scanf("%f", &d) ;

        /* CALCOLA L'AREA DEL QUADRATO DI LATO D */
        aq = d * d ;

        /* soluzione alternativa per il calcolo dell'area del quadrato utilizzando
        la funzione pow(base, esponente) definita in math.h
        aq = pow(d, 2) ;
        */

        /* CALCOLA L'AREA DEL CERCHIO DI DIAMETRO D */
        /* calcola il raggio del cerchio */
        r = d/2 ;

        /* calcola l'area del cerchio */
        ac = M_PI * ( r * r ) ;
        /* nota: il valore di PI greco e' definito in math.h come M_PI */

        /* soluzione alternativa per il calcolo dell'area del cerchio
        ac = M_PI * pow(r, 2) ;
        */

        /* CALCOLA L'AREA DEL TRIANGOLO EQUILATERO DI LATO D */
        at = rad3_4 * ( d * d ) ;

        /* soluzione alternativa per il calcolo dell'area del triangolo equilatero
        at = rad3_4 * pow( d, 2 ) ;
        */

        /* STAMPA IL RISULTATO */
        printf("\n") ;
        printf("Le aree calcolate sono:\n") ;
        printf("Area del quadrato di lato %f = %f\n", d, aq) ;
        printf("Area del cerchio di diametro %f = %f\n", d, ac) ;
        printf("Area del triangolo equilatero di lato %f = %f\n", d, at) ;

        exit(0) ;
    }
```

10.5 Esercizio 2.6 (Semplice Calcolatrice)

↩ 4

```c
    /* PROGRAMMAZIONE IN C */

    /* File: calcolatrice.c */
    /* Soluzione proposta esercizio "Semplice calcolatrice" */

    #include <stdio.h>
    #include <stdlib.h>
```

```c
int main(void)
{
    float a, b ; /* numeri inseriti */
    float somma, differenza, prodotto, quoziente ;

    /* STAMPA COSA ESEGUIRA' IL PROGRAMMA */
    printf("Programma: Calcolatrice\n\n") ;

    /* LEGGI I DUE NUMERI */
    printf("Inserisci il primo numero: ") ;
    scanf("%f", &a) ;

    printf("Inserisci il secondo numero: ") ;
    scanf("%f", &b) ;

    /* CALCOLA LA SOMMA */
    somma = a + b ;

    /* CALCOLA LA DIFFERENZA */
    differenza = a - b ;

    /* CALCOLA IL PRODOTTO */
    prodotto = a * b ;

    /* CALCOLA LA DIVISIONE */
    quoziente = a / b ;

    /* STAMPA IL RISULTATO */
    printf("\n") ;
    printf("Numeri inseriti %f e %f\n", a, b) ;
    printf("La somma e' %f\n", somma) ;
    printf("La differenza e' %f\n", differenza) ;
    printf("Il prodotto e' %f\n", prodotto) ;
    printf("La divisione e' %f\n", quoziente) ;

    exit(0) ;
}
```

Capitolo 11

Soluzioni: Scelte ed alternative

11.1 Esercizio 3.1 (Indovina cosa fa)

Il programma, se $a \leq b$, stampa b. Viceversa, se $a > b$, scambia tra di loro i valori di a e b ("passando" attraverso una variabile di comodo c), e poi stampa b. In definitiva, se b è più grande, stampa b. Se a è più grande, scambia a con b e stampa b (ossia quello che prima era a).

Conclusione: il programma stampa il maggiore dei due numeri inseriti.

Un modo alternativo per fare la stessa cosa (senza "toccare" il valore di a e b) sarebbe:

```c
if( a>b )
{
    printf("%d\n", a) ;
}
else
{
    printf("%d\n", b);
}
```

11.2 Esercizio 3.2 (Segno del numero)

```c
/* PROGRAMMAZIONE IN C */

/* File: es-posneg.c */
/* Soluzione proposta esercizio "Segno del numero" */

#include <stdio.h>
#include <stdlib.h>

int main(void)
{
    int a ; /* numero inserito */

    /* LEGGI IL NUMERO */
    printf("Immetti un numero: ") ;
    scanf("%d", &a) ;

    /* VERIFICA SE IL NUMERO E' POSITIVO O NEGATIVO */
    if ( a >= 0 )
    {
        /* IL NUMERO E' POSITIVO O NULLO */
        printf("Il numero %d e' positivo\n", a) ;
    }
    else
    {
        /* IL NUMERO E' NEGATIVO */
        printf("Il numero %d e' negativo \n", a) ;
    }
```

11.3 Esercizio 3.4 (Valore assoluto)

```c
        exit(0) ;
}
```

```c
/* PROGRAMMAZIONE IN C */

/* File: es-valabs.c */
/* Soluzione proposta esercizio "Valore assoluto" */

#include <stdio.h>
#include <stdlib.h>

int main(void)
{
    int a, b ; /* numero inserito ed il corrispondente valore assoluto */

    /* LEGGI IL NUMERO */
    printf("Immetti un numero: ") ;
    scanf("%d", &a) ;

    /* VERIFICA SE IL NUMERO E' POSITIVO O NEGATIVO */
    if ( a >= 0 )
    {
        /* IL NUMERO E' POSITIVO */
        printf("Il numero %d e' positivo\n", a) ;

        /* ASSEGNA A b IL VALORE DI a */
        b = a ;
    }
    else
    {
        /* IL NUMERO E' NEGATIVO */
        printf("Il numero %d e' negativo\n", a) ;

        /* ASSEGNA A b IL VALORE DI a CAMBIANDO IL SEGNO */
        b = -a ;
    }

    /* STAMPA IL RISULTATO */
    printf("Il valore assoluto di %d e' %d\n", a, b) ;

    exit(0) ;
}
```

Soluzione alternativa

In questa soluzione viene utilizzata una sola variabile per memorizzare prima il numero inserito e poi il suo valore assoluto.

```c
/* PROGRAMMAZIONE IN C */

/* File: es-valabs2.c */
/* Soluzione alternativa proposta esercizio "Valore assoluto" */

#include <stdio.h>
#include <stdlib.h>

int main(void)
{
    int a ; /* numero inserito ed il corrispondente valore assoluto*/

    /* LEGGI IL NUMERO */
    printf("Immetti un numero: ") ;
    scanf("%d", &a) ;

    /* STAMPA IL NUMERO */
    printf("Il numero inserito e' %d\n", a) ;
```

```
20        /* VERIFICA SE IL NUMERO E' NEGATIVO */
          if ( a < 0 )
          {
              /* SE IL NUMERO E' NEGATIVO, IL VALORE ASSOLUTO E' OTTENUTO CAMBIANDO
                 IL SEGNO DEL NUMERO */
25            a = -a ;
          }

          /* STAMPA IL RISULTATO */
          printf("Il valore assoluto del numero inserito e' %d\n", a) ;
30
          exit(0) ;
      }
```

11.4 Esercizio 3.5 (Controlla A e B)

←7

```
      /* PROGRAMMAZIONE IN C */

      /* File: controlla-ab-v2.c */
      /* Soluzione proposta esercizio "Controlla A e B" */
5
      #include <stdio.h>
      #include <stdlib.h>

      int main(void)
10    {
          int a, b ; /* numeri inseriti A e B */
          int c ; /* somma A+B */

          /* LEGGI A e B */
15        printf("Immetti A: ") ;
          scanf("%d", &a) ;

          printf("Immetti B: ") ;
          scanf("%d", &b) ;
20
          /* CONTROLLA IL SEGNO DI B E STAMPA IL MESSAGGIO OPPORTUNO */
          if( b >= 0 )
          {
              printf("B e' positivo\n") ;
25        }
          else
          {
              printf("B e' negativo\n") ;
          }
30
          /* CONTROLLA LA PARITA' DI A E STAMPA IL MESSAGGIO OPPORTUNO */
          /* A e' pari se il resto della divisione di A per 2 e' uguale a zero */
          if( a%2 == 0 )
          {
35            printf("A e' pari\n") ;
          }
          else
          {
              printf("A e' dispari\n") ;
40        }

          /* CALCOLA A+B E STAMPA IL RISULTATO */
          c = a + b ;
          printf("La somma %d + %d e' uguale a %d\n", a, b, c) ;
45
          /* CALCOLA IL VALORE MASSIMO DELLA SOMMA (+- A) + (+- B) E STAMPA IL RISULTATO*/
          /* Il valore massimo e' ottenuto sommando il valore assoluto di A e di B */
          /* Calcola il valore assoluto di A */
          if( a < 0 )
50            a = -a ;

          /* Calcola il valore assoluto di B */
```

CAPITOLO 11. SOLUZIONI: SCELTE ED ALTERNATIVE

```c
        if( b < 0 )
            b = -b ;

        printf("Il valore massimo della somma +-A + +-B e' uguale a %d\n", a+b ) ;

        exit(0) ;
    }
```

11.5 Esercizio 3.6 (Classificazione triangolo)

↩ 7

Soluzione parziale

In questa prima soluzione si assume, per il momento, che i valori A, B, C descrivano correttamente un triangolo.
Nota. Per il calcolo del quadrato, è da preferirsi l'espressione `a*a` piuttosto che `pow(a,2)` in quanto è affetta da errori di approssimazione molto minori.

```c
/* PROGRAMMAZIONE IN C */

/* File: triangolo-v1.c */
/* Soluzione proposta esercizio "Classificazione triangolo" (soluzione parziale) */

#include <stdio.h>
#include <stdlib.h>
#include <math.h>

int main(void)
{
    float a, b, c ; /* lati del triangolo */

    /* LEGGI A, B e C */
    printf("Immetti A: ") ;
    scanf("%f", &a) ;

    printf("Immetti B: ") ;
    scanf("%f", &b) ;

    printf("Immetti C: ") ;
    scanf("%f", &c) ;

    printf("Verifico le proprieta' del triangolo di lati: %f, %f, %f\n", a, b, c) ;

    /* VERIFICA SE E' EQUILATERO (3 LATI UGUALI)*/
    if( a==b && b==c )
        printf("Il triangolo e' equilatero\n");
    else
        printf("Il triangolo non e' equilatero\n");

    /* VERIFICA SE E' ISOSCELE (2 LATI UGUALI)*/
    if( a==b || b==c || a==c )
        printf("Il triangolo e' isoscele\n") ;
    else
        printf("Il triangolo non e' isoscele\n") ;

    /* VERIFICA SE E' SCALENO (3 LATI DIVERSI)*/
    if( a!=b && b!=c && a!=c )
        printf("Il triangolo e' scaleno\n") ;
    else
        printf("Il triangolo non e' scaleno\n") ;

    /* VERIFICA SE E' RETTANGOLO (TEOREMA DI PITAGORA) */
    /* verifica se il lato A e' l'ipotenusa */
    if( a*a == b*b + c*c )
        printf("Il triangolo e' rettangolo (ipotenusa A)\n") ;
    else
        printf("Il triangolo non e' rettangolo (ipotenusa A)\n") ;

    /* verifica se il lato B e' l'ipotenusa */
    if ( b*b == a*a + c*c )
```

```c
                printf("Il triangolo e' rettangolo (ipotenusa B)\n") ;
        else
            printf("Il triangolo non e' rettangolo (ipotenusa B)\n") ;

        /* verifica se il lato C e' l'ipotenusa */
        if( c*c == b*b + a*a )
            printf("Il triangolo e' rettangolo (ipotenusa C)\n") ;
        else
            printf("Il triangolo non e' rettangolo (ipotenusa C)\n") ;

        /* verifica se il triangolo e' rettangolo */
        if ( ( a*a == b*b + c*c ) ||
             ( b*b == a*a + c*c ) ||
             ( c*c == b*b + a*a ) )
            printf("Il triangolo e' rettangolo\n") ;
        else
            printf("Il triangolo non e' rettangolo\n") ;

        exit(0) ;
}
```

Soluzione parziale alternativa

Anche in questa soluzione si assume, per il momento, che i valori A, B, C descrivano correttamente un triangolo.

```c
/* PROGRAMMAZIONE IN C */

/* File: triangolo-v2.c */
/* Soluzione proposta esercizio "Classificazione triangolo"
   (soluzione parziale alternativa) */

#include <stdio.h>
#include <stdlib.h>
#include <math.h>

int main(void)
{
    float a, b, c ;           /* lati del triangolo */
    float quadA, quadB, quadC ; /* quadrati costruiti sui cateti */

    /* LEGGI A, B e C */
    printf("Immetti A: ") ;
    scanf("%f", &a) ;

    printf("Immetti B: ") ;
    scanf("%f", &b) ;

    printf("Immetti C: ") ;
    scanf("%f", &c) ;

    printf("Verifico le proprieta' del triangolo di lati: %f, %f, %f\n", a, b, c) ;

    /* VERIFICA SE E' EQUILATERO (3 LATI UGUALI) */
    if( a==b && b==c )
    {
        printf("Il triangolo e' equilatero\n");

        /* IL TRIANGOLO EQUILATERO NON PUO' ESSERE RETTANGOLO */
        printf("Il triangolo non e' rettangolo\n") ;
    }
    else
    {
        /* SE IL TRIANGOLO NON E' EQUILATERO VERIFICA SE E' ISOSCELE O SCALENO */
        printf("Il triangolo non e' equilatero\n") ;

        /* VERIFICA SE E' ISOSCELE (2 LATI UGUALI)*/
        if( a==b || b==c || a==c )
            printf("Il triangolo e' isoscele\n") ;
```

```
            else
            {
                printf("Il triangolo non e' isoscele\n") ;

                /* IL TRIANGOLO E' SCALENO POICHE' NON E' NE' EQUILATERO NE' ISOSCELE */
                printf("Il triangolo e' scaleno\n") ;
            }


            /* SE IL TRIANGOLO NON E' EQUILATERO PUO' ESSERE RETTANGOLO */
            /* verifica se il triangolo e' rettangolo (teorema di Pitagora) */
            /* calcola il valore dei quadrati costruiti sui cateti */
            quadA = a*a ;
            quadB = b*b ;
            quadC = c*c ;

            if( quadA == quadB + quadC )
                printf("Il triangolo e' rettangolo (ipotenusa A)\n") ;
            else
            {
                if( quadB == quadA + quadC )
                    printf("Il triangolo e' rettangolo (ipotenusa B)\n") ;
                else
                {
                    if( quadC == quadA + quadB )
                        printf("Il triangolo e' rettangolo (ipotenusa C)\n") ;
                    else
                        printf("Il triangolo non e' rettangolo \n") ;
                }
            }
    }
    exit(0);
}
```

Soluzione finale

In questa soluzione il programma prima di classificare il triangolo, controlla se i numeri A, B, C rappresentano correttamente un triangolo.

```
/* PROGRAMMAZIONE IN C */

/* File: triangolo-v3.c */
/* Soluzione proposta esercizio "Classificazione triangolo" (soluzione finale) */

#include <stdio.h>
#include <stdlib.h>
#include <math.h>

int main(void)
{
    float a, b, c ; /* lati del triangolo */
    float quadA, quadB, quadC ; /* quadrati costruiti sui cateti */

    /* LEGGI A, B e C */
    printf("Immetti A: ") ;
    scanf("%f", &a) ;

    printf("Immetti B: ") ;
    scanf("%f", &b) ;

    printf("Immetti C: ") ;
    scanf("%f", &c) ;

    printf("Verifico le proprieta' del triangolo di lati: %f, %f, %f\n",
            a, b, c) ;

    /* CONTROLLA SE E' UN TRIANGOLO:
        - I LATI DEVONO ESSERE POSITIVI
        - OGNI LATO DEVE ESSERE MINORE DELLA SOMMA DEGLI ALTRI DUE
```

CAPITOLO 11. SOLUZIONI: SCELTE ED ALTERNATIVE

```
                 - OGNI LATO DEVE ESSERE MAGGIORE DELLA DIFFERENZA DEGLI ALTRI DUE */
         if( a<=0 || b<=0 || c<=0 )
            printf("Errore: i lati devono essere positivi\n") ;
         else
35       {
             if( a>=b+c || b>=a+c || c>=a+b )
               printf("Errore: ogni lato deve essere minore della somma"
                      " degli altri due\n") ;
             else
40           {
                 if( ( b>c  && a <= b-c ) ||
                     ( b<=c && a <= c-b ) ||
                     ( a>c  && b <= a-c ) ||
                     ( a<=c && b <= c-a ) ||
45                   ( a>b  && c <= b-a ) ||
                     ( a<=b && c <= a-b ) )
                  /*oppure if ((a <= fabs(b-c)) || (b <=fabs(a-c)) || (c <=fabs(a-b)))*/
                     printf("Errore: ogni lato deve essere maggiore della "
                            "differenza degli altri due\n");
50               else
                 {
                     /* A QUESTO PUNTO SONO SICURO CHE SIA UN TRIANGOLO!*/

                     /* VERIFICA SE E' EQUILATERO (3 LATI UGUALI) */
55                   if( a==b && b==c )
                     {
                         printf("Il triangolo e' equilatero\n");

                         /* IL TRIANGOLO EQUILATERO NON PUO' ESSERE RETTANGOLO */
60                       printf("Il triangolo non e' rettangolo\n") ;
                     }
                     else
                     {
                         /* SE IL TRIANGOLO NON E' EQUILATERO VERIFICA
65                          SE E' ISOSCELE O SCALENO */
                         printf("Il triangolo non e' equilatero\n") ;

                         /* VERIFICA SE E' ISOSCELE (2 LATI UGUALI)*/
                         if( a==b || b==c || a==c )
70                           printf("Il triangolo e' isoscele\n") ;
                         else
                         {
                             printf("Il triangolo non e' isoscele\n") ;

75                           /* IL TRIANGOLO E' SCALENO POICHE' NON E'
                                NE' EQUILATERO NE' ISOSCELE */
                             printf("Il triangolo e' scaleno\n") ;
                         }

                         /* SE IL NON E' EQUILATERO PUO' ESSERE RETTANGOLO */
80                       /* verifica se e' rettangolo (teorema di Pitagora) */
                         /* calcola il valore dei quadrati costruiti sui cateti */
                         quadA = a*a ;
                         quadB = b*b ;
85                       quadC = c*c ;

                         if( quadA == quadB + quadC )
                             printf("E' rettangolo (ipotenusa A)\n") ;
                         else
90                       {
                             if( quadB == quadA + quadC )
                                 printf("E' rettangolo (ipotenusa B)\n") ;
                             else
                             {
95                               if( quadC == quadA + quadB )
                                     printf("E' rettangolo (ipotenusa C)\n") ;
                                 else
                                     printf("Il triangolo non e' rettangolo \n") ;
                             }
100                      }
```

11.6 Esercizio 3.7 (Equazioni di primo grado)

↩ 7

```
    /* PROGRAMMAZIONE IN C */

    /* File: primogrado.c */
    /* Soluzione proposta esercizio "Equazione di primo grado" */
5
    #include <stdio.h>
    #include <stdlib.h>

    int main(void)
10  {
        float a, b ;  /* coefficienti a e b */
        float x ;     /* valore di x che risolve l'equazione */

        printf("Risoluzione equazioni di primo grado\n") ;
15      printf("Equazione nella forma: ax + b = 0\n") ;

        /* LEGGI a e b */
        printf("Immetti coefficiente a: ") ;
        scanf("%f", &a) ;
20
        printf("Immetti coefficiente b: ") ;
        scanf("%f", &b) ;

        /* x VIENE CALCOLATO COME x=-b/a. SI DEVONO VERIFICARE I VALORI DI a E b */
25      if( a != 0 )
        {
            x = - b / a ;
            printf("La soluzione e' x = %f\n", x) ;
        }
30      else
        {
            /* CASO a==0 */
            if( b==0 )
            {
35              printf("Equazione indeterminata (ammette infinite soluzioni)\n");
            }
            else
            {
                printf("Equazione impossibile (non ammette soluzioni)\n");
40          }
        }
        exit(0) ;
    }
```

11.7 Esercizio 3.8 (Stampa dei mesi)

Soluzione (con `if` annidati)

↩ 7

```
    /* PROGRAMMAZIONE IN C */

    /* File: mesi.c */
    /* Soluzione (con if annidati) proposta esercizio "Stampa dei mesi" */
5
    #include <stdio.h>
    #include <stdlib.h>

    int main(void)
10  {
```

```c
            int mese ;  /* mese inserito */

            /* LEGGI IL NUMERO DEL MESE */
            printf("Inserisci il numero del mese: ") ;
15          scanf("%d", &mese) ;

            /* VISUALIZZA IL NOME DEL MESE CORRISPONDENTE AL NUMERO INSERITO*/
            if( mese == 1 )
                printf("Gennaio\n") ;
20          else
            {
                if( mese == 2 )
                    printf("Febbraio\n") ;
                else
25              {
                    if( mese == 3 )
                        printf("Marzo\n") ;
                    else
                    {
30                      if( mese == 4 )
                            printf("Aprile\n") ;
                        else
                        {
                            if( mese == 5 )
35                              printf("Maggio\n") ;
                            else
                            {
                                if( mese == 6 )
                                    printf("Giugno\n") ;
40                              else
                                {
                                    if( mese == 7 )
                                        printf("Luglio\n") ;
                                    else
45                                  {
                                        if( mese == 8 )
                                            printf("Agosto\n") ;
                                        else
                                        {
50                                          if( mese == 9 )
                                                printf("Settembre\n") ;
                                            else
                                            {
                                                if( mese == 10 )
55                                                  printf("Ottobre\n") ;
                                                else
                                                {
                                                    if( mese == 11 )
                                                        printf("Novembre\n") ;
60                                                  else
                                                    {
                                                        if( mese == 12 )
                                                            printf("Dicembre\n") ;
                                                        else
65                                                          printf("MESE ERRATO!\n") ;
                                                    }
                                                }
                                            }
                                        }
70                                  }
                                }
                            }
                        }
                    }
75              }
            }
            exit(0) ;
        }
```

CAPITOLO 11. SOLUZIONI: SCELTE ED ALTERNATIVE

Soluzione (con catene `if - else if`)

```
/* PROGRAMMAZIONE IN C */

/* File: mesi2.c */
/* Soluzione (con catene if - else if) proposta esercizio "Stampa dei mesi" */

#include <stdio.h>
#include <stdlib.h>

int main(void)
{
    int mese ; /* mese inserito */

    /* LEGGI IL NUMERO DEL MESE */
    printf("Inserisci il numero del mese: ") ;
    scanf("%d", &mese) ;

    /* VISUALIZZA IL NOME DEL MESE CORISPONDENTE AL NUMERO INSERITO*/
    if( mese == 1 )
        printf("Gennaio\n") ;
    else if( mese == 2 )
        printf("Febbraio\n") ;
    else if( mese == 3 )
        printf("Marzo\n") ;
    else if( mese == 4 )
        printf("Aprile\n") ;
    else if( mese == 5 )
        printf("Maggio\n") ;
    else if( mese == 6 )
        printf("Giugno\n") ;
    else if( mese == 7 )
        printf("Luglio\n") ;
    else if( mese == 8 )
        printf("Agosto\n") ;
    else if( mese == 9 )
        printf("Settembre\n") ;
    else if( mese == 10 )
        printf("Ottobre\n") ;
    else if( mese == 11 )
        printf("Novembre\n") ;
    else if( mese == 12 )
        printf("Dicembre\n") ;
    else
        printf("MESE ERRATO!\n") ;

    exit(0) ;
}
```

Soluzione (con istruzione `switch`)

```
/* PROGRAMMAZIONE IN C */

/* File: mesi3.c */
/* Soluzione (con istruzione switch) proposta esercizio "Stampa dei mesi" */

#include <stdio.h>
#include <stdlib.h>

int main(void)
{
    int mese ; /* mese inserito */

    /* LEGGI IL NUMERO DEL MESE */
    printf("Inserisci il numero del mese: ") ;
    scanf("%d", &mese) ;

    /* VISUALIZZA IL NOME DEL MESE CORISPONDENTE AL NUMERO INSERITO*/
    switch( mese )
    {
```

```
20              case 1:
                    printf("Gennaio\n") ;
                    break ;
                case 2:
                    printf("Febbraio\n") ;
25                  break ;
                case 3:
                    printf("Marzo\n") ;
                    break ;
                case 4:
30                  printf("Aprile\n") ;
                    break ;
                case 5:
                    printf("Maggio\n") ;
                    break ;
35              case 6:
                    printf("Giugno\n") ;
                    break ;
                case 7:
                    printf("Luglio\n") ;
40                  break ;
                case 8:
                    printf("Agosto\n") ;
                    break ;
                case 9:
45                  printf("Settembre\n") ;
                    break ;
                case 10:
                    printf("Ottobre\n") ;
                    break ;
50              case 11:
                    printf("Novembre\n") ;
                    break ;
                case 12:
                    printf("Dicembre\n") ;
55                  break ;
                default:
                    printf("MESE ERRATO!\n") ;
            }
            exit(0) ;
60  }
```

11.8 Esercizio 3.9 (Semplice calcolatrice 2)

↶ 7

```
    /* PROGRAMMAZIONE IN C */

    /* File: calcola.c */
    /* Soluzione proposta esercizio "Semplice calcolatrice" */
5
    #include <stdio.h>
    #include <stdlib.h>

    int main(void)
10  {
        int op ; /* operazione richiesta */
        int a, b, c ; /* numeri inseriti ( a e b ) e risultato operazione  ( c ) */
        int err ; /* condizione di errore */

15      /* STAMPA LE POSSIBILI OPERAZIONI SVOLTE DALLA CALCOLATRICE */
        printf("Semplice calcolatrice\n\n") ;

        printf("Inserisci 1 per la somma\n");
        printf("Inserisci 2 per la sottrazione\n");
20      printf("Inserisci 3 per la moltiplicazione\n");
        printf("Inserisci 4 per la divisione\n");

        /* LEGGI QUALE OPERAZIONE DEVE ESSERE SVOLTA */
        printf("La tua scelta:") ;
25      scanf("%d", &op) ;
```

```c
    /* LEGGI   I NUMERI INSERITI */
    printf("Immetti il primo operando: ");
    scanf("%d", &a) ;

    printf("Immetti il secondo operando: ");
    scanf("%d", &b) ;

    /* LA CONDIZIONE DI ERRORE VIENE INIZIALIZZATA */
    err = 0 ;

    /* ESEGUI L'OPERAZIONE RICHIESTA */
    switch( op )
    {
        case 1:
            c = a + b ;
            break ;
        case 2:
            c = a - b ;
            break ;
        case 3:
            c = a * b ;
            break ;
        case 4:
            if( b == 0 )
            {
                printf("Impossibile dividere per zero!\n");
                err = 1 ;
            }
            else
            {
                c = a / b ;
            }
            break ;
        default:
            printf("Operazione errata\n") ;
            err = 1 ;
    }

    /* SE NON SI E' VERIFICATA NESSUNA CONDIZIONE DI ERRORE,
       STAMPA IL RISULTATO */
    if( err == 0 )
        printf("Il risultato vale: %d\n", c) ;

    exit(0) ;
}
```

11.9 Esercizio 3.11 (Calcolo del massimo)

Soluzione semplificata

Si trascuri il caso in cui i due numeri siano uguali.

```c
/* PROGRAMMAZIONE IN C */

/* File: massimo.c */
/* Soluzione proposta esercizio "Calcolo del massimo" */

#include <stdio.h>
#include <stdlib.h>

int main(void)
{
    int a, b ; /* numeri inseriti */

    /* LEGGI I NUMERI */
    printf("Immetti il primo numero: ") ;
    scanf("%d", &a) ;

    printf("Immetti il secondo numero: ") ;
    scanf("%d", &b) ;
```

```
20          /* VERIFICA SE a E' MAGGIORE DI b */
            if ( a > b )
            {
                printf("Il_primo_numero_%d_e'_maggiore_del_secondo_numero_%d\n", a, b) ;
                printf("Il_valore_massimo_e'_%d\n", a) ;
25          }
            else
            {
                /* CASO a < b (SI E' TRASCURATO IL CASO IN CUI I NUMERI SIANO UGUALI) */
                printf("Il_secondo_numero_%d_e'_maggiore_del_primo_numero_%d\n", b, a) ;
30              printf("Il_valore_massimo_e'_%d\n", b) ;
            }
            exit(0) ;
        }
```

Soluzione completa

Si consideri il caso in cui i due numeri siano uguali.

```
    /* PROGRAMMAZIONE IN C */

    /* File: massimov2.c */
    /* Soluzione alternativa proposta esercizio "Calcolo del massimo" */
5
    #include <stdio.h>
    #include <stdlib.h>

    int main(void)
10  {
        int a, b ; /* numeri inseriti */

        /* LEGGI I NUMERI */
        printf("Immetti_il_primo_numero:_") ;
15      scanf("%d", &a) ;

        printf("Immetti_il_secondo_numero:_") ;
        scanf("%d", &b) ;

20      /* VERIFICA SE a E' MAGGIORE DI b */
        if ( a > b )
        {
            printf("Il_primo_numero_%d_e'_maggiore_del_secondo_numero_%d\n", a, b) ;
            printf("Il_valore_massimo_e'_%d\n", a) ;
25      }
        else
        {
            /* CASO a <= b */
            /* VERIFICA SE b E' MAGGIORE DI a */
30          if ( a < b )
            {
               printf("Il_secondo_numero_%d_e'_maggiore_del_primo_numero_%d\n",
                      b, a) ;
               printf("Il_valore_massimo_e'_%d\n", b) ;
35          }
            else
              /* CASO a = b */
              printf("Il_primo_numero_%d_ed_il_secondo_numero_%d_sono_uguali\n",
                     a, b) ;
40      }
        exit(0) ;
    }
```

11.10   Esercizio 3.13 (Calcolo del massimo a 3)

Soluzione (con if annidate)

CAPITOLO 11. SOLUZIONI: SCELTE ED ALTERNATIVE

```c
    /* PROGRAMMAZIONE IN C */

    /* File: massimo3.c */
    /* Soluzione proposta esercizio "Calcolo del massimo a 3" */

    #include <stdio.h>
    #include <stdlib.h>

    int main(void)
    {
        int a, b, c ; /* numeri inseriti */

        /* LEGGI I NUMERI */
        printf("Immetti il primo numero: ") ;
        scanf("%d", &a) ;

        printf("Immetti il secondo numero: ") ;
        scanf("%d", &b) ;

        printf("Immetti il terzo numero: ") ;
        scanf("%d", &c) ;

        /* VERIFICA SE a E' MAGGIORE DI b */
        if ( a > b )
        {
            /* CASO a > b */
            /* VERIFICA SE a E' MAGGIORE DI c */
            if ( a > c )
            {
                /* CASO a > c */
                /* a E' IL MASSIMO POICHE' a > b E a > c */
                printf("Il primo numero %d e' maggiore del secondo %d e del terzo %d\n",
                    a, b, c) ;
                printf("Il valore massimo e' %d\n", a) ;
            }
            else
            {
                /* CASO a < c (si e' trascurato il caso in cui i numeri siano uguali) */
                /* c E' IL MASSIMO POICHE' a > b E c > a */
                printf("Il terzo numero %d e' maggiore del primo %d e del secondo %d\n",
                    c, a, b) ;
                printf("Il valore massimo e' %d\n", c) ;
            }
        }
        else
        {
            /* CASO a < b */
            /* VERIFICA SE b E' MAGGIORE DI c */
            if ( b > c )
            {
                /* CASO b > c */
                /* b E' IL MASSIMO POICHE' a < b E b > c */
                printf("Il secondo numero %d e' maggiore del primo %d e del terzo %d\n",
                    b, a, c) ;
                printf("Il valore massimo e' %d\n", b) ;
            }
            else
            {
                /* CASO c < b */
                /* c E' IL MASSIMO POICHE' a < b E b < c
                   (si e' trascurato il caso in cui i numeri siano uguali) */
                printf("Il terzo numero %d e' maggiore del primo %d e del secondo %d\n",
                    c, a, b) ;
                printf("Il valore massimo e' %d\n", c) ;
            }
        }
        exit(0) ;
    }
```

Soluzione (con condizioni complesse)

```c
/* PROGRAMMAZIONE IN C */

/* File: massimo3v2.c */
/* Soluzione alternativa proposta esercizio "Calcolo del massimo a 3" */

#include <stdio.h>
#include <stdlib.h>

int main(void)
{
    int a, b, c ;  /* numeri inseriti */

    /* LEGGI I NUMERI */
    printf("Immetti il primo numero: ") ;
    scanf("%d", &a) ;

    printf("Immetti il secondo numero: ") ;
    scanf("%d", &b) ;

    printf("Immetti il terzo numero: ") ;
    scanf("%d", &c) ;

    /* VERIFICA SE a E' MAGGIORE DI b E DI c*/
    if ( a > b && a > c)
    {
       /* a E' IL MASSIMO */
       printf("Il primo numero %d e' maggiore del secondo %d e del terzo %d\n",
            a, b, c) ;
       printf("Il valore massimo e' %d\n", a) ;
    }
    else
    {
       /* VERIFICA SE b E' MAGGIORE DI a E DI c*/
       if ( b > a && b > c)
       {
          /* b E' IL MASSIMO */
          printf("Il secondo numero %d e' maggiore del primo %d e del terzo %d\n",
               b, a, c) ;
          printf("Il valore massimo e' %d\n", b) ;
       }
       else
       {
          /* POICHE' a E b NON SONO IL MASSIMO, ALLORA c E' IL MASSIMO */
          /* ATTENZIONE: SI E' TRASCURATO IL CASO IN CUI I NUMERI SIANO UGUALI */
          printf("Il terzo numero %d e' maggiore del primo %d e del secondo %d\n",
               c, a, b) ;
          printf("Il valore massimo e' %d\n", c) ;
       }
    }
    exit(0) ;
}
```

11.11 Esercizio 3.14 (Equazione di secondo grado)

←8

```c
/* PROGRAMMAZIONE IN C */

/* File: secondogrado.c */
/* Soluzione proposta esercizio "Equazione di secondo grado" */

#include <stdio.h>
#include <stdlib.h>
#include <math.h>

int main(void)
{
    float a, b, c ;  /* coefficienti a, b e c */
    float delta ;    /* discriminante */
```

CAPITOLO 11. SOLUZIONI: SCELTE ED ALTERNATIVE

```c
        float x1, x2 ;   /* valori di x che risolvono l'equazione */

        printf("Risoluzione equazioni di secondo grado\n") ;
        printf("Equazione nella forma: ax^2 + bx+ c = 0\n") ;

        /* LEGGI a e b */
        printf("Immetti coefficiente a: ") ;
        scanf("%f", &a) ;

        printf("Immetti coefficiente b: ") ;
        scanf("%f", &b) ;

        printf("Immetti coefficiente c: ") ;
        scanf("%f", &c) ;

        /* Se a==0, allora in realtà è un'equazione di primo grado */
        if ( a==0 )
        {
            /* x VIENE CALCOLATO COME x=-c/b.
               SI DEVONO VERIFICARE I VALORI DI b E c */
            if ( b != 0 )
            {
                x1 = - c / b ;
                printf("Una soluzione: x = %f\n", x1) ;
            }
            else
            {
                /* CASO b==0 */
                if ( b==0 )
                {
                    printf("Equazione indeterminata (ammette infinite soluzioni)\n");
                }
                else
                {
                    printf("Equazione impossibile (non ammette soluzioni)\n");
                }
            }
        }
        else   /* a != 0, quindi è una 'vera' equazione di secondo grado */
        {
            /* Calcoliamo il discriminante 'delta' */
            delta = b*b - 4*a*c ;
            // printf("Il discriminante vale: %f\n", delta) ;

            if ( delta<0 )
            {
                printf("Non ci sono soluzioni in campo reale\n") ;
            }
            else if ( delta == 0 )
            {
                x1 = -b / (2*a) ;
                printf("Una soluzione doppia: x = %f\n", x1) ;
            }
            else  /* delta > 0 */
            {
                /* caso normale */
                x1 = ( -b - sqrt(delta) ) / ( 2 * a ) ;
                x2 = ( -b + sqrt(delta) ) / ( 2 * a ) ;

                printf("Due soluzioni: x = %f e x = %f\n", x1, x2 ) ;
            }
        }

        exit(0) ;
}
```

Capitolo 12

Soluzioni: Cicli ed iterazioni

12.1 Esercizio 4.1 (Indovina cosa fa 2)

← 10

Si nota innanzitutto come i due programmi siano identici tranne per la condizione `conta!=0`, che diviene `conta>0` nel secondo. Ciò significa che i due programmi si comporteranno in modo identico ogniqualvolta `conta` sarà un valore positivo o nullo (perché in tal caso le due condizioni `conta!=0` e `conta>0` si equivalgono), mentre si potranno comportare diversamente quando `conta<0`.

Analizzando il ciclo, si nota che l'operazione principale eseguita è `num=num*10`, che viene ripetuta `conta` volte. In pratica il programma calcola un valore finale pari a $num * 10^{conta}$.

In definitiva il valore calcolato (e stampato) sarà:

	Programma di sinistra	Programma di destra
num=4, conta=5	400000	400000
num=4, conta=0	4	4
num=4, conta=1	40	40
num=4, conta=-5	(*)	4

(*) in questo caso il programma esibisce un comportamento anomalo, dovuto ad un errore di programmazione (non ci si è "protetti" contro un dato errato, ossia negativo, inserito dall'utente). Il ciclo viene eseguito un'enormità di volte (dell'ordine di 2^{32} volte), finché il valore di `conta`, che parte da -5 e viene decrementato ripetutamente fino a quando la sottrazione non andrà in overflow, e poi nuovamente finché non arriverà a zero. In tal caso `num` viene moltiplicato per 10 un'enormità di volte, andando ripetutamente in overflow... il risultato ottenuto sarà quindi totalmente imprevedibile (e tra l'altro dipendente dall'implementazione degli **int** nel compilatore utilizzato). A titolo di esempio, nel caso del compilatore Dev-C++ su piattaforma Windows, dopo circa 20 secondi (durante i quali il programma decrementa `conta` all'impazzata) viene stampato il valore 0.

12.2 Esercizio 4.7 (Media dei numeri)

← 11

```
/* PROGRAMMAZIONE IN C */

/* File: media_numeri.c */
/* Soluzione proposta esercizio "Media dei numeri" */

#include <stdio.h>
#include <stdlib.h>

int main(void)
{
    int numero ;        /* numero inserito */
    int conta ;         /* conta quanti numeri sono inseriti */
    float somma ;       /* somma dei numeri inseriti */
```

CAPITOLO 12. SOLUZIONI: CICLI ED ITERAZIONI

```c
        float media ;         /* media dei numeri inseriti */

    /* "somma" e "media" sono di tipo float per calcolare la media
    come valore decimale con la virgola*/

    /* INIZIALIZZA LE VARIABILI */
    somma = 0 ;
    conta = 0 ;

    /* LEGGI UN NUMERO */
    printf("Inserire una serie di numeri. La condizione di terminazione "
           "e' il numero zero.\n") ;
    printf("Inserisci numero: ") ;
    scanf ("%d", &numero) ;

     /* LEGGI UNA SERIE DI NUMERI, FINO A QUANDO NON E' INSERITO IL NUMERO 0 */
    while ( numero != 0 )
    {
       /* AGGIORNA LA SOMMA DEI NUMERI INSERITI */
       somma = somma + numero ;

       /* INCREMENTA IL CONTATORE DEI NUMERI INSERITI FINO AD ORA */
       conta = conta + 1 ;

       /* LEGGI UN NUMERO */
       printf("Inserisci numero: ") ;
       scanf ("%d", &numero);
    }

    /* CALCOLA LA MEDIA DEI NUMERI INSERITI */
    media = somma/conta ;

    /* STAMPA IL RISULTATO */
    printf("\n") ;
    printf("Numeri inseriti %d, Somma %f, Media %f \n", conta, somma, media);
    exit(0) ;
}
```

12.3 Esercizio 4.8 (Massimo e minimo)

← 11

```c
/* PROGRAMMAZIONE IN C */

/* File: massimo_minimo.c */
/* Soluzione proposta esercizio "Massimo e minimo" */

#include <stdio.h>
#include <stdlib.h>

int main(void)
{
    int numero ;        /* numero inserito */
    int N ;             /* quanti numeri saranno inseriti */
    int max, min ;      /* valore massimo e minimo tra i numeri inseriti */

    /* LEGGI QUANTI NUMERI SARANNO INSERITI */
    printf("Indica quanti numeri saranno inseriti: ") ;
    scanf("%d", &N) ;

    /* VERIFICA CHE LA SEQUENZA INSERITA CONTENGA ALMENO UN NUMERO*/
    if ( N <= 0 )
        printf("Errore: non sara' inserito nessun numero \n") ;
    else
    {
        /* LEGGI UN NUMERO */
        printf("Inserisci un numero: ") ;
        scanf ("%d", &numero) ;

        /* N VIENE DECREMENTATO POICHE' E' STATO INSERITO UN NUMERO */
        N = N - 1 ;
```

```
            /* INIZIALIZZA "max" e "min" CON IL PRIMO NUMERO INSERITO */
            max = numero ;
            min = numero ;

35          /* LEGGI GLI ALTRI NUMERI DELLA SEQUENZA */
            while ( N > 0 )
            {
                /* LEGGI UN NUMERO */
                printf("Inserisci un numero: ") ;
40              scanf ("%d", &numero) ;

                /* AGGIORNA IL VALORE MASSIMO "max" */
                if ( numero > max )
                    max = numero ;
45              else
                {
                    /* AGGIORNA IL VALORE MINIMO "min" */
                    if ( numero < min )
                        min = numero ;
50              }

                /* N VIENE DECREMENTATO POICHE' E' STATO INSERITO UN NUMERO */
                N = N - 1 ;
            }
55
            /* STAMPA IL RISULTATO */
            printf("\n") ;
            printf("Valore massimo %d, Valore minimo %d\n", max, min) ;
        }
60      exit(0) ;
    }
```

12.4 Esercizio 4.9 (Quadrati perfetti)

← 11

```
    /* PROGRAMMAZIONE IN C */

    /* File: quadrati_perfetti.c */
    /* Soluzione proposta esercizio "Quadrati perfetti" */
5
    #include <stdio.h>
    #include <stdlib.h>
    #include <math.h>

10  int main(void)
    {
        int numero_finale ;  /* numero inserito */
        int N ;              /* numero compreso tra 0 e "numero_finale" */
        int quadrato ;       /* quadrato del numero "N" */
15
        /* LEGGI UN NUMERO */
        printf("Inserisci un numero intero e positivo: ") ;
        scanf("%d", &numero_finale) ;

20      /* VERIFICA CHE IL NUMERO INSERITO SIA POSITIVO */
        if ( numero_finale < 0 )
            printf("Errore: il numero deve essere positivo\n") ;
        else
        {
25          /* INIZIALIZZA IL NUMERO "N" CON IL VALORE 0 */
            N = 0 ;

            /* CONSIDERA TUTTI I NUMERI TRA 0 E "numero_finale"
            E PER OGNI NUMERO CALCOLA IL QUADRATO */
30          while ( N <= numero_finale )
            {
                /* CALCOLA IL QUADRATO DEL NUMERO "N" */
                quadrato = pow(N,2) ;

35              /* IN ALTERNTIVA E' POSSIBILE CALCOLARE IL
                QUADRATO di "N" COME quadrato = N * N ; */
```

```
                    /* STAMPA IL RISULTATO */
                    printf("\n") ;
40                  printf("Numero %d, Quadrato %d\n", N, quadrato) ;

                    /* INCREMENTA IL VALORE DEL NUMERO "N" */
                    N = N + 1 ;
                }
45          }
            exit(0) ;
      }
```

12.5   Esercizio 4.11 (Conversione Binario-Decimale)

← 12

Prima soluzione

Questa soluzione è "generalizzabile" facilmente ad altre basi pur di cambiare il valore della costante BASE.

```
      /* PROGRAMMAZIONE IN C */

      /* File: bindec1.c */
      /* Soluzione proposta esercizio "Conversione Binario-Decimale" */
5
      #include <stdio.h>
      #include <stdlib.h>
      #include <math.h>

10    #define BASE 2

      int main(void)
      {
          int N ;          /* numero di cifre binarie */
15        int bit ;        /* cifra binaria */
          int peso ;       /* peso della cifra binaria */
          int numero ;     /* valore decimale del numero binario */

          /* INIZIALIZZA LE VARIABILI */
20        peso = 0 ;       /* LA PRIMA CIFRA BINARIA LETTA AVRA' PESO ZERO */
          numero = 0 ;     /* IL VALORE DECIMALE DEL NUMERO BINARIO E'
                              INIZIALIZZATO A ZERO */

          /* LEGGI IL NUMERO DI CIFRE BINARIE */
25        printf("Immetti il numero di bit del numero binario: ") ;
          scanf("%d", &N) ;

          /* LEGGI IL NUMERO BINARIO */
          printf("\nImmetti il numero binario partendo dal bit meno significativo \n") ;
30
          while ( peso < N )
          {
              /* LEGGI LA CIFRA BINARIA SUCCESSIVA */
              printf("Immetti la cifra binaria 2^%d:", peso) ;
35            scanf("%d", &bit) ;

              /* CALCOLA IL VALORE IN DECIMALE DELLA CIFRA BINARIA INSERITA
                 E AGGIUNGILO ALLA CIFRA DECIMALE CALCOLATA FINO AD ORA*/
              numero = numero + bit * pow(BASE, peso) ;
40
              /* AGGIORNA IL PESO DELLA CIFRA BINARIA */
              peso = peso + 1 ;
          }

45        /* STAMPA IL RISULTATO */
          printf("\n") ;
          printf("La cifra decimale calcolata e': %d\n", numero) ;
          exit(0) ;
      }
```

Soluzione alternativa

Viene proposta una seconda soluzione, che non usa la funzione pow ma calcola la potenza mediante ripetute moltiplicazioni ed inoltre controlla se le cifre inserite sono corrette.

```c
/* PROGRAMMAZIONE IN C */

/* File: bindec2.c */
/* Soluzione proposta esercizio "Conversione Binario-Decimale" */
/* Versione 2 */

#include <stdio.h>
#include <stdlib.h>

#define BASE 2

int main(void)
{
    int N ;         /* numero di cifre binarie */
    int bit ;       /* cifra binaria */
    int peso ;      /* peso della cifra binaria */
    int potenza;    /* potenza BASE^peso */
    int numero ;    /* valore decimale del numero binario */

    /* INIZIALIZZA LE VARIABILI */
    peso = 0 ;      /* LA PRIMA CIFRA BINARIA IMMESSA AVRA' PESO 0 */
    numero = 0 ;    /* IL VALORE DECIMALE DEL NUMERO BINARIO E'
                       INIZIALIZZATO A 0 */
    potenza = 1 ;   /* POICHE' PESO=0, BASE^PESO E' UGUALE A 1 */

    /* LEGGI IL NUMERO DI CIFRE BINARIE */
    printf("Immetti il numero di bit del numero binario: ") ;
    scanf("%d", &N) ;

    while ( peso < N )
    {
        /* LEGGI LA CIFRA BINARIA SUCCESSIVA */
        printf("Immetti la cifra binaria 2^%d:", peso) ;
        scanf("%d", &bit) ;

        /* CONTROLLA SE IL VALORE DELLA CIFRA BINARIA E' CORRETTO */
        if( bit >= 0 && bit < BASE)
        {
            /* CALCOLA IL VALORE IN DECIMALE DELLA CIFRA BINARIA INSERITA
               E AGGIUNGILO ALLA CIFRA DECIMALE CALCOLATA FINO AD ORA*/
            numero = numero + bit*potenza ;

            /* AGGIORNA IL PESO DELLA CIFRA BINARIA */
            peso = peso + 1 ;

            /* AGGIORNA LA POTENZA */
            potenza = potenza * BASE ;
        }
        else
            /* SE IL VALORE DELLA CIFRA BINARIA NON E' CORRETTO
               STAMPA UN MESSAGGIO */
            printf("Dato errato - reinseriscilo\n") ;
    }

    /* STAMPA IL RISULTATO */
    printf("\n") ;
    printf("La cifra decimale calcolata e': %d\n", numero) ;

    exit(0) ;
}
```

12.6 Esercizio 4.12 (Fattoriale)

← 12

CAPITOLO 12. SOLUZIONI: CICLI ED ITERAZIONI

```c
/* PROGRAMMAZIONE IN C */

/* File: fattoriale.c */
/* Soluzione proposta esercizio "Fattoriale" */

#include <stdio.h>
#include <stdlib.h>

int main(void)
{
    int N ;              /* numero inserito */
    int fattoriale ;     /* fattoriale del numero */

    /* LEGGI UN NUMERO */
    printf("Inserisci un numero intero positivo: ") ;
    scanf("%d", &N) ;

    /* VERIFICA CHE IL NUMERO INSERITO SIA POSITIVO */
    if ( N < 0 )
        printf("Errore: il numero inserito deve essere positivo\n") ;
    else
    {
        /* INIZIALIZZA IL VALORE DEL FATTORIALE */
        fattoriale = 1 ;

        /* IL FATTORIALE E' CALCOLATO COME PRODOTTO
           TRA TUTTI I NUMERI COMPRESI TRA "N" E 1 */
        while( N > 1 )
        {
            /* AGGIORNA IL VALORE DEL FATTORIALE */
            fattoriale = fattoriale * N ;

            /* DECREMENTA IL VALORE DI "N" */
            N = N - 1 ;
        }

        /* STAMPA IL RISULTATO */
        printf("\n") ;
        printf("Il fattoriale e' %d\n", fattoriale) ;
    }
    exit(0) ;
}
```

12.7 Esercizio 4.15 (Classificazione di sequenze)

← 12

```c
/* PROGRAMMAZIONE IN C */

/* File: sequenzanumeri.c */
/* Soluzione proposta esercizio "Classificazione di sequenze" */

#include <stdio.h>
#include <stdlib.h>

int main(void)
{
    int totale ;                   /* quanti numeri saranno inseriti */
    int numero ;                   /* ultimo numero inserito */
    int numero_precedente ;        /* penultimo numero inserito */
    int N ;                        /* contatore per scandire i
                                      numeri della sequenza */
    int positivi, negativi, nulli; /* contatori numeri postivi, negativi,
                                      o nulli */
    int pari, dispari;             /* contatori numeri pari o dispari */
    int crescente, decrescente ;   /* flag per indicare se la sequenza e'
                                      crescente o decrescente */

    /* LEGGI QUANTI NUMERI SARANNO INSERITI */
    printf("Quanti numeri saranno inseriti? ") ;
    scanf("%d", &totale) ;
```

```
        /* INIZIALIZZA A ZERO I CONTATORI DI NUMERI POSITIVI, NEGATIVI, NULLI,
        PARI E DIPARI */
        positivi = 0 ;
        negativi = 0 ;
30      nulli = 0 ;
        pari = 0 ;
        dispari = 0 ;

        /* INIZIALIZZA I FLAG PER INDICARE SE LA SEQUENZA E' CRESCENTE O DECRESCENTE
35      -- SE "crescente" E' UGUALE a 1: SEQUENZA CRESCENTE
        -- SE "crescente" E' UGUALE a 0: SEQUENZA NON CRESCENTE
        -- SE "decrescente" E' UGUALE a 1: SEQUENZA DECRESCENTE
        -- SE "decrescente" E' UGUALE a 0: SEQUENZA NON DECRESCENTE
        INIZIALIZZA AD 1 ENTRAMBI I FLAG. ALL'INTERNO DEL CICLO WHILE
40      ASSEGNA I FLAG A 0 SE VERIFICHI CHE LA SEQUENZA NON E' CRESCENTE O
        NON E' DECRESCENTE */
        crescente = 1 ;
        decrescente = 1 ;

45      /* INIZIALIZZA IL CONTATORE DEI NUMERI GIA' INSERITI */
        N = 0 ;

        /* RIPETI IL SEGUENTE CICLO FINO A QUANDO NON SONO STATI INSERITI TUTTI
        I NUMERI DELLA SEQUENZA */
50      while( N < totale )
        {
            /* LEGGI UN NUMERO */
            printf("Inserisci il numero %d: ", N+1) ;
            scanf("%d", &numero) ;
55
            /* SE IL NUMERO E' UGUALE A ZERO INCREMENTA IL CONTATORE "nulli" */
            if ( numero == 0 )
                nulli = nulli + 1 ;
            else
60          {
                /* IL NUMERO E' DIVERSO DA ZERO. SE NUMERO E' POSITIVO
                INCREMENTA IL CONTATORE "positivi" ALTRIMENTI INCREMENTA
                IL CONTATORE "negativi" */
                if ( numero > 0 )
65                positivi = positivi + 1 ;
                else
                  negativi = negativi + 1 ;
            }

70          /* SE IL NUMERO E' PARI INCREMENTA IL CONTATORE "pari"
            ALTRIMENTI INCREMENTA IL CONTATORE "dispari" */
            if ( numero % 2 == 0 )
                    pari = pari + 1 ;
            else
75                dispari = dispari + 1 ;

            /* PER VERIFICARE SE LA SEQUENZA E' CRESCENTE O DECRESENTE
            CONFRONTA IL NUMERO CORRENTE CON IL PENULTIMO NUMERO INSERITO.
            LA VERIFICA PUO' ESSERE FATTA SOLO QUANDO SONO STATI INSERITI
80          ALMENO DUE NUMERI DELLA SEQUENZA, OSSIA N>1. INFATTI,
            N==0 QUANDO VIENE INSERITO IL PRIMO NUMERO E N==1 QUANDO VIENE
            INSERITO IL SECONDO NUMERO */

            if ( N > 1 )
85          {
                /* SE IL NUMERO CORRENTE E' MAGGIORE DEL PRECEDENTE LA
                SEQUENZA NON E' DECRESCENTE */
                if ( numero > numero_precedente )
                    decrescente=0;
90              else
                {
                    /* SE IL NUMERO CORRENTE E' MINORE DEL PRECEDENTE LA
                    SEQUENZA NON E' CRESCENTE */
                    if (numero < numero_precedente)
95                      crescente=0;
```

CAPITOLO 12. SOLUZIONI: CICLI ED ITERAZIONI

```
                        else
                        {
                            /* SE IL NUMERO CORRENTE E' UGUALE AL PRECEDENTE LA
                            SEQUENZA NON E' STRETTAMENTE CRESCENTE NE'
                            STRETTAMENTE DECRESCENTE */
                            crescente=0;
                            decrescente=0;
                        }
                }
        }

        /* IL NUMERO CORRENTE SARA' IL PENULTIMO NUMERO INSERITO NELLA PROSSIMA
        ITERAZIONE DEL CICLO */
        numero_precedente=numero;

        /* INCREMENTA IL CONTATORE DEI NUMERI INSERITI */
        N = N + 1 ;
    }

    /* STAMPA IL RISULTATO */
    printf("Hai inserito: %d positivi, %d negativi, %d uguali a zero\n",
    positivi, negativi, nulli) ;

    printf("Hai inserito: %d numeri pari e %d numeri dispari\n",
            pari, dispari) ;

    if ( crescente == 1 )
        printf("La sequenza e' crescente\n") ;
    else
    {
        if ( decrescente == 1 )
                printf("La sequenza e' decrescente\n") ;
        else
                printf("La sequenza non e' ne` crescente ne` decrescente\n") ;
    }

    exit(0) ;
}
```

12.8 Esercizio 4.16 (Divisori di un numero)

← 13

```
/* PROGRAMMAZIONE IN C */

/* File: divisori.c */
/* Soluzione proposta esercizio "Divisori di un numero" */

#include <stdio.h>
#include <stdlib.h>

int main(void)
{
    int numero ;    /* numero inserito */
    int divisore ;  /* divisore del numero. E' un contatore per scandire
                       tutti i valori tra 1 e "numero" */
    int primo ;     /* flag per indicare se il numero inserito e' primo */

    /* LEGGI UN NUMERO */
    printf("Inserisci un numero intero positivo: ") ;
    scanf("%d", &numero) ;

    /* CONTROLLA SE IL NUMERO E' POSITIVO */
    if ( numero <= 0 )
        printf("Errore: hai inserito un numero nullo o negativo\n") ;
    else
    {
        /* PER CALCOLARE I DIVISORI CONSIDERA
        TUTTI I NUMERI COMPRESI TRA 1 E "numero" */
        divisore=1 ;

        /* INIZIALIZZA IL FLAG "primo":
```

```
           -- SE "primo" E' UGUALE a 1: "numero" E' PRIMO
           -- SE "primo" E' UGUALE A 0: "numero" NON E' PRIMO.
           IPOTIZZA CHE  "numero" SIA PRIMO ED INIZIALIZZA primo=1.
           ALL'INTERNO DEL CICLO ASSEGNA primo=0 SE VERIFICHI CHE
           "numero" NON E' PRIMO (OSSIA SE E' DIVISIBILE CON RESTO ZERO
           ALMENO PER UN VALORE DIVERSO DA 1 E DA "numero") */
           primo = 1 ;

        /* IL CICLO ANALIZZA TUTTI I VALORI DI "divisore"
           COMPRESI TRA 1 E "numero" */
        while ( divisore <= numero )
        {
            /* VERIFICA SE IL RESTO DELLA DIVISIONE E' UGUALE A ZERO */
            if ( numero%divisore == 0 )
            {
                /* STAMPA IL RISULTATO */
                printf("%d e' divisore di %d\n", divisore, numero) ;

                /* SE "divisore" E' DIVERSO SIA DA 1 CHE DA "NUMERO"
                   ALLORA "numero" NON E' PRIMO*/
                if ( divisore != 1 && divisore != numero )
                    primo=0;
            }

            /* INCREMENTA IL VALORE DEL POSSIBILE DIVISORE DI "numero" */
            divisore = divisore + 1 ;
        }
    }

    /* STAMPA IL RISULTATO */
    if ( primo == 1 )
        printf("%d e' un numero primo \n", numero) ;
    else
        printf("%d non e' un numero primo \n", numero) ;

    exit(0) ;
}
```

12.9 Esercizio 4.18 (Massimo comune divisore di 2 numeri)

↵ 13

```
/* PROGRAMMAZIONE IN C */

/* File: massimo_comun_divisore.c */
/* Soluzione proposta esercizio "Massimo comune divisore di 2 numeri" */

#include <stdio.h>
#include <stdlib.h>

int main(void)
{
    int numero1, numero2 ;   /* numeri inseriti */
    int minimo ;             /* valore minimo tra numero1 e numero2 */
    int divisore ;           /* divisore del numero. E' un contatore per
                                scandire tutti i valori tra 1 e "minimo" */
    int mcd ;                /* massimo comun divisore */

    /* LEGGI I DUE NUMERI */
    printf("Inserisci il primo numero: ") ;
    scanf("%d", &numero1) ;

    printf("Inserisci il secondo numero: ") ;
    scanf("%d", &numero2) ;

    /* CONTROLLA SE ENTRAMBI I NUMERI SONO POSITIVI */
    if ( numero1 <= 0 || numero2 <= 0 )
        printf("Errore: hai inserito un numero nullo o negativo\n") ;
    else
    {
        /* CALCOLA IL VALORE INFERIORE TRA I DUE NUMERI INSERITI*/
        if ( numero1 < numero2 )
```

```
                minimo = numero1 ;
            else
                minimo = numero2 ;

35          /* PER CALCOLARE IL MASSIMO COMUN DIVISORE CONSIDERA
            TUTTI I NUMERI COMPRESI TRA 1 E "minimo". IL MASSIMO COMUN DIVISORE
            E' IL MASSIMO TRA I VALORI COMPRESI TRA 1 e "minimo" CHE E' DIVISORE
            SIA DI "numero1" CHE DI "numero2" */
            divisore=1;
40          mcd=1;

            while ( divisore <= minimo )
            {
                /* VERIFICA SE IL NUMERO RAPPRESENTATO IN "divisore"
45              E' DIVISORE, CON RESTO UGUALE A 0, SIA DI "numero1" CHE
                DI "numero2" */
                if ( numero1%divisore == 0   && numero2%divisore == 0 )
                {
                    /* POICHE' IL RESTO E' UGUALE A 0, IL VALORE DI "divisore"
50                  E' UN POSSIBILE MASSIMO COMUN DIVISORE. AGGIORNA IL VALORE
                    DEL MASSIMO COMUM DIVISORE */
                    mcd = divisore ;
                    printf("%d e' divisore \n", mcd) ;
                }
55              /* INCREMENTA IL VALORE DI "divisore" */
                divisore = divisore + 1 ;
            }

            /* STAMPA IL RISULTATO */
60          printf("\n") ;
            printf("Il massimo comun divisore per i numeri %d e %d e' %d\n",
                    numero1, numero2, mcd) ;
        }
        exit(0) ;
65  }
```

12.10 Esercizio 4.19 (Minimo comune multiplo di 2 numeri)

← 13

```
    /* PROGRAMMAZIONE IN C */

    /* File: minimo_comune_multiplo.c */
    /* Soluzione proposta esercizio "Minimo comune multiplo di 2 numeri" */
5
    #include <stdio.h>
    #include <stdlib.h>

    int main(void)
10  {
        int numero1, numero2 ; /* numeri inseriti */
        int massimo, minimo ;  /* valore massimo e minimo tra numero1 e numero2 */
        int conta ;            /* contatore per generare i multipli di "massimo" */
        int fine ;             /* flag per indicare che e' stato trovato
15                                il minimo comune multiplo */
        int mcm ;              /* valore del minimo comune multiplo */

        /* LEGGI I DUE NUMERI */
        printf("Inserisci il primo numero: ") ;
20      scanf("%d", &numero1) ;

        printf("Inserisci il secondo numero: ") ;
        scanf("%d", &numero2) ;

25      /* CONTROLLA SE ENTRAMBI I NUMERI SONO POSITIVI */
        if ( numero1<=0 || numero2<=0 )
            printf("Errore: hai inserito un numero nullo o negativo\n") ;
        else
        {
30          /* CALCOLA IL VALORE MAGGIORE E INFERIORE TRA I DUE NUMERI INSERITI*/
            if ( numero1 > numero2 )
            {
```

CAPITOLO 12. SOLUZIONI: CICLI ED ITERAZIONI

```
            massimo = numero1 ;
            minimo = numero2 ;
        }
        else
        {
            massimo = numero2 ;
            minimo = numero1 ;
        }

        /* INIZIALIZZA "conta" e "mcm" */
        conta=1;
        mcm=0;

        /* INIZIALIZZA IL FLAG "fine" A 0. LA RICERCA TERMINA QUANDO "fine"
           ASSUME IL VALORE 1 */
        fine = 0 ;

        while ( fine == 0 )
        {
            /* CALCOLA IL SUCCESSIVO MULTIPLO DI "massimo". QUESTO VALORE E'
               UN CANDIDATO MINIMO COMUNE MULTIPLO */
            mcm = conta * massimo ;

            /* VERIFICA SE "minimo" E' DIVISORE DI "mcm" */
            if ( mcm % minimo == 0 )
            {
                /* LA RICERCA E' TERMINATA. AGGIORNA IL FLAG "fine" */
                fine = 1 ;
            }
            else
            {
                /* INCREMENTA LA VARIABILE "conta" */
                conta = conta + 1 ;
            }
        }

        /* STAMPA IL RISULTATO */
        printf("\n") ;
        printf("Il MCM per %d e %d e' %d\n",
                numero1, numero2, mcm);

    }
    exit(0) ;
}
```

12.11 Esercizio 4.24 (Disegno figure geometriche)

Soluzione Caso 1

```
/* PROGRAMMAZIONE IN C */

/* File: quadasterisco.c */
/* Soluzione proposta esercizio "Disegno figure geometriche (Caso 1)" */

#include <stdio.h>
#include <stdlib.h>

int main(void)
{
    int lato ;              /* lato del quadrato */
    int riga, colonna ;     /* riga e colonna del quadrato */

    /* LEGGI IL LATO DEL QUADRATO */
    printf("Inserisci il lato del quadrato: ") ;
    scanf("%d",&lato) ;

    /* CONTROLLA SE IL LATO DEL QUADRATO E' UN NUMERO MAGGIORE DI 0 */
    if ( lato <= 0 )
        printf("Errore, il lato deve essere maggiore di zero\n") ;
```

```c
    else
    {
        /* IL CICLO PIU' ESTERNO SCANDISCE LA RIGHE DEL QUADRATO */

        /* INIZIALIZZA LA VARIABILE PER LA SCANSIONE DELLE RIGHE DEL QUADRATO */
        riga = 0 ;

        while ( riga < lato )
        {
            /* IL CICLO PIU' INTERNO SCANDISCE LE COLONNE DEL QUADRATO */
            /* PER OGNI RIGA STAMPA "*" PER OGNI COLONNA */

            /*INIZIALIZZA LA VARIABILE PER LA SCANSIONE DELLE COLONNE
            DEL QUADRATO */
            colonna = 0 ;

            while ( colonna < lato )
            {
                /* STAMPA "*" senza andare a capo */
                printf("*") ;

                /* INCREMENTA "colonna" PER PASSARE ALLA COLONNA SUCCESSIVA */
                colonna = colonna + 1 ;
            }

            /* TERMINATA LA STAMPA DI UNA RIGA SI DEVE RIPORTARE IL CURSORE
            AL MARGINE SINISTRO DELLO SCHERMO */
            printf("\n");

            /* INCREMENTA "riga" PER PASSARE ALLA RIGA SUCCESSIVA */
            riga = riga + 1 ;
        }
    }
    exit(0) ;
}
```

Soluzione Caso 2

```c
/* PROGRAMMAZIONE IN C */

/* File: quadasterisco2.c */
/* Soluzione proposta esercizio "Disegno figure geometriche (Caso 2)" */

#include <stdio.h>
#include <stdlib.h>

int main(void)
{
    int lato ;            /* lato del quadrato */
    int riga, colonna ;   /* riga e colonna del quadrato */

    /* LEGGI IL LATO DEL QUADRATO */
    printf("Inserisci il lato del quadrato: ") ;
    scanf("%d",&lato) ;

    /* CONTROLLA SE IL LATO DEL QUADRATO E' UN NUMERO MAGGIORE DI 0 */
    if ( lato <= 0 )
        printf("Errore, il lato deve essere maggiore di zero\n") ;
    else
    {
        /* IL CICLO PIU' ESTERNO SCANDISCE LA RIGHE DEL QUADRATO */

        /* INIZIALIZZA LA VARIABILE PER LA SCANSIONE DELLE RIGHE DEL QUADRATO */
        riga = 0 ;

        while ( riga < lato )
        {
            /* IL CICLO PIU' INTERNO SCANDISCE LE COLONNE DEL QUADRATO */

            /*INIZIALIZZA LA VARIABILE PER LA SCANSIONE DELLE COLONNE
```

```
                        DEL QUADRATO */
                        colonna = 0 ;
35
                        while ( colonna < lato )
                        {
                            /* PER LA PRIMA E L'ULTIMA RIGA STAMPA "*" PER OGNI COLONNA */
                            if ( riga == 0 || riga == (lato-1) )
40                              printf("*") ;
                            else
                            {
                                /* PER LE ALTRE RIGHE STAMPA "*" SOLO PER LA PRIMA
                                E L'ULTIMA COLONNA */
45                              if ( colonna == 0 || colonna == (lato-1) )
                                    printf("*") ;
                                else
                                    /* IN TUTTI GLI ALTRI CASI STAMPA UNO SPAZIO*/
                                    printf(" ") ;
50                          }

                            /* INCREMENTA "colonna" PER PASSARE ALLA COLONNA SUCCESSIVA */
                            colonna = colonna + 1 ;
                        }
55
                        /* TERMINATA LA STAMPA DI UNA RIGA SI DEVE RIPORTARE IL CURSORE
                        AL MARGINE SINISTRO DELLO SCHERMO */
                        printf("\n") ;

60                      /* INCREMENTA "riga" PER PASSARE ALLA RIGA SUCCESSIVA */
                        riga = riga + 1 ;
                    }
                }
                exit(0) ;
65  }
```

Soluzione Caso 3

```
    /* PROGRAMMAZIONE IN C */

    /* File: triangasterisco.c */
    /* Soluzione proposta esercizio "Disegno figure geometriche (Caso 3)" */
5
    #include <stdio.h>
    #include <stdlib.h>

    int main(void)
10  {
        int lato ;          /* lato del triangolo */
        int riga, colonna ; /* riga e colonna del triangolo */

        /* LEGGI IL LATO DEL TRIANGOLO */
15      printf("Inserisci il lato del triangolo: ") ;
        scanf("%d", &lato) ;

        /* CONTROLLA SE IL LATO DEL TRIANGOLO E' UN NUMERO MAGGIORE DI 0 */
        if ( lato <=0 )
20          printf("Errore, il lato deve essere maggiore di zero\n") ;
        else
        {
            /* IL CICLO PIU' ESTERNO SCANDISCE LA RIGHE DEL TRIANGOLO */

25          /* INIZIALIZZA LA VARIABILE PER LA SCANSIONE DELLE RIGHE DEL
            TRIANGOLO */
            riga = 0 ;

            while ( riga < lato )
30          {
                /* IL CICLO PIU' INTERNO SCANDISCE LE COLONNE DEL TRIANGOLO */
                /* PER OGNI RIGA STAMPA "*" SOLO SE  colonna <= riga */

                /*INIZIALIZZA LA VARIABILE PER LA SCANSIONE DELLE COLONNE DEL
```

```
                    TRIANGOLO */
                    colonna = 0 ;

                    while ( colonna <= riga )
                    {
                        /* STAMPA "*" senza andare a capo */
                        printf("*") ;

                        /* INCREMENTA "colonna" PER PASSARE ALLA COLONNA SUCCESSIVA */
                        colonna = colonna + 1 ;
                    }

                    /* TERMINATA LA STAMPA DI UNA RIGA SI DEVE RIPORTARE IL CURSORE
                    AL MARGINE SINISTRO DELLO SCHERMO */
                    printf("\n") ;

                    /* INCREMENTA "riga" PER PASSARE ALLA RIGA SUCCESSIVA */
                    riga = riga + 1 ;
                }
            }
            exit(0) ;
        }
```

Soluzione Caso 4

```
    /* PROGRAMMAZIONE IN C */

    /* File: quadasterisco3.c */
    /* Soluzione PROPOSTA esercizio "Disegno figure geometriche (Caso 4)" */

    #include <stdio.h>
    #include <stdlib.h>

    int main(void)
    {
        int lato ;              /* lato del quadrato */
        int riga, colonna ;     /* riga e colonna del quadrato */

        /* LEGGI IL LATO DEL QUADRATO */
        printf("Inserisci il lato del quadrato: ") ;
        scanf("%d",&lato) ;

        /* CONTROLLA SE IL LATO DEL QUADRATO E' UN NUMERO MAGGIORE DI 0 */
        if ( lato <= 0 )
            printf("Errore, il lato deve essere maggiore di zero\n") ;
        else
        {
            /* IL CICLO PIU' ESTERNO SCANDISCE LA RIGHE DEL QUADRATO */

            /* INIZIALIZZA LA VARIABILE PER LA SCANSIONE DELLE RIGHE DEL QUADRATO */
            riga = 0 ;

            while ( riga < lato )
            {
                /* IL CICLO PIU' INTERNO SCANDISCE LE COLONNE DEL QUADRATO */

                /*INIZIALIZZA LA VARIABILE PER LA SCANSIONE DELLE COLONNE
                DEL QUADRATO */
                colonna = 0 ;

                while ( colonna < lato )
                {
                    /* SE colonna <= riga  STAMPA "*" ALTRIMENTI STAMPA "+" */
                    if ( colonna <= riga )
                        printf("*") ;
                    else
                        printf("+") ;

                    /* INCREMENTA "colonna" PER PASSARE ALLA COLONNA SUCCESSIVA */
                    colonna = colonna + 1 ;
```

CAPITOLO 12. SOLUZIONI: CICLI ED ITERAZIONI

```
            }

            /* TERMINATA LA STAMPA DI UNA RIGA SI DEVE RIPORTARE IL CURSORE
            AL MARGINE SINISTRO DELLO SCHERMO */
50          printf("\n") ;

            /* INCREMENTA "riga" PER PASSARE ALLA RIGA SUCCESSIVA */
            riga = riga + 1 ;
        }
55  }
    exit(0) ;
}
```

12.12 Esercizio 4.25 (Rappresentazione del triangolo di Floyd)

← 15

```
    /* PROGRAMMAZIONE IN C */

    /* File: TriangoloFloyd.c */
    /* Soluzione proposta esercizio "Rappresentazione del triangolo di Floyd" */
5
    #include <stdio.h>
    #include <stdlib.h>

    int main(void)
10  {
        int numero ;          /* numero inserito */
        int riga, colonna ;   /* riga e colonna del triangolo */
        int cifra ;           /* numero da stampare nel triangolo di Floyd */

15      /* LEGGI UN NUMERO */
        printf("Inserisci il numero ") ;
        scanf("%d",&numero) ;

        /* CONTROLLA SE IL NUMERO E' MAGGIORE DI 0 */
20      if ( numero <=0 )
            printf("Errore, il lato deve essere maggiore di zero\n") ;
        else
        {
            /* IL CICLO PIU' ESTERNO SCANDISCE LA RIGHE DEL TRIANGOLO */
25
            /* INIZIALIZZA LA VARIABILE PER LA SCANSIONE DELLE RIGHE DEL
            TRIANGOLO */
            riga = 0 ;

30          /* LA PRIMA CIFRA DA STAMPARE NEL TRIANGOLO E' 1 */
            cifra=1;

            while ( riga < numero )
            {
35              /* IL CICLO PIU' INTERNO SCANDISCE LE COLONNE DEL TRIANGOLO */
                /* PER OGNI RIGA STAMPA IL VALORE IN "cifra" SOLO SE
                colonna <= riga */

                /*INIZIALIZZA LA VARIABILE PER LA SCANSIONE DELLE COLONNE DEL
40              TRIANGOLO */
                colonna = 0 ;

                while ( colonna <= riga )
                {
45                  /* STAMPA "cifra" */
                    printf("%d ", cifra) ;

                    /* INCREMENTA "colonna" PER PASSARE ALLA COLONNA SUCCESSIVA */
                    colonna = colonna + 1 ;
50
                    /* INCREMENTA "cifra" */
                    cifra=cifra+1;
                }

55              /* TERMINATA LA STAMPA DI UNA RIGA SI DEVE RIPORTARE IL CURSORE
```

```
                        AL MARGINE SINISTRO DELLO SCHERMO */
                        printf("\n") ;

                        /* INCREMENTA "riga" PER PASSARE ALLA RIGA SUCCESSIVA */
60                      riga = riga + 1 ;
                }
        }
        exit(0) ;
}
```

12.13 Esercizio 4.26 (Opposto di un numero binario in complemento a 2)

↩ 15

```
/* PROGRAMMAZIONE IN C */

/* File: opposto_ca2.c */
/* Soluzione proposta esercizio "Calcolo dell'opposto di un numero binario
5  rappresentato in complemento a 2 su N bit" */

#include <stdio.h>
#include <stdlib.h>

10 int main(void)
{
        int N ;          /* numero di cifre del numero binario */
        int bit ;        /* cifra binaria del numero binario */
        int opposto ;    /* cifra binaria dell'opposto del numero binario */
15      int inverti ;    /* flag per indicare se le cifre binarie devono essere
                                invertite */
        int num_bits ;   /* contatore per scandire le cifre binarie */

        /* LEGGI IL NUMERO DI CIFRE BINARIE */
20      printf("Quanti bit saranno inseriti? ") ;
        scanf("%d", &N) ;

        /* INIZIALIZZA IL FLAG "inverti":
        -- SE "inverti" E' UGUALE a 1: si invertono tutti i bit inseriti
25         successivamente
        -- SE "inverti" E' UGUALE A 0: si ricopiano in uscita i bit inseriti
           successivamente
        "inverti" E' INIZIALIZZATO A 0 ED ASSEGNATO A 1 QUANDO VIENE INSERITO
        IL PRIMO BIT UGUALE A 1 */
30      inverti = 0 ;

        /* LEGGI LE CIFRE DEL NUMERO BINARIO A PARTIRE DAL BIT MENO SIGNIFICATIVO */
        printf("Inserisci il numero binario dal bit meno significativo\n");

35      /* INIZIALIZZA "num_bits" A 0*/
        num_bits = 0 ;

        while ( num_bits < N )
        {
40              /* LEGGI LA CIFRA BINARIA */
                printf("Inserisci il bit di peso %d: ", num_bits) ;
                scanf("%d", &bit) ;

                /* CALCOLA IL VALORE OPPOSTO */
45              if ( inverti == 0 )
                {
                        /* RICOPIA IN USCITA LA CIFRA BINARIA INSERITA */
                        opposto = bit ;

50                      /* SE HAI TROVATO LA PRIMA CIFRA BINARIA AD 1, AGGIORNA "inverti" */
                        if ( bit == 1 )
                                inverti = 1 ;
                }
                else
55              {
                        /* RICOPIA IN USCITA L'INVERSO DELLA CIFRA BINARIA INSERITA */
```

```
            if ( bit == 1 )
                opposto = 0 ;
            else
                opposto = 1 ;
        }

        /* STAMPA IL RISULTATO */
        printf("Risultato␣%d\n", opposto) ;

        /* INCREMENTA IL CONTATORE "num_bits" */
        num_bits = num_bits + 1 ;
    }
    exit(0) ;
}
```

12.14 Esercizio 4.27 (Somma di numeri binari)

↩ 15

Prima soluzione

```
/* PROGRAMMAZIONE IN C */

/* File: somma_binario.c */
/* Soluzione proposta esercizio "Somma di numeri binari" */

#include <stdio.h>
#include <stdlib.h>

int main(void)
{
    int N ;               /* numero di cifre binarie */
    int bit_numero1 ;     /* cifra binaria del primo numero */
    int bit_numero2 ;     /* cifra binaria del secondo numero */
    int bit_risultato ;   /* cifra binaria risultato dell'operazione di somma */
    int riporto ;         /* riporto */
    int num_bits ;        /* contatore per scandire le cifre binarie */

    /* LEGGI IL NUMERO CIFRE BINARIE */
    printf("Inserisci␣il␣numero␣di␣bit:␣") ;
    scanf("%d", &N) ;

    /* INIZIALIZZA IL RIPORTO A 0 */
    riporto = 0;

    /* LEGGI LE CIFRE BINARIE A PARTIRE DAL BIT MENO SIGNIFICATIVO */
    printf("\nInserisci␣i␣due␣numeri␣binari␣partendo␣dal␣bit␣meno␣significativo\n");

    /* INIZIALIZZA "num_bits" A 0 */
    num_bits = 0 ;

    while ( num_bits < N )
    {
        /* LEGGI LA CIFRA BINARIA DEL PRIMO NUMERO */
        printf("\n");
        printf ("Inserisci␣la␣cifra␣%d␣di␣peso␣2^%d␣del␣primo␣numero:␣",
                num_bits+1, num_bits) ;
        scanf("%d", &bit_numero1) ;

        /* LEGGI LA CIFRA BINARIA DEL SECONDO NUMERO */
        printf ("Inserisci␣la␣cifra␣%d␣di␣peso␣2^%d␣del␣secondo␣numero:␣",
                num_bits+1, num_bits) ;
        scanf("%d", &bit_numero2) ;

        /* SOMMA LE DUE CIFRE BINARIE */
        bit_risultato = bit_numero1 + bit_numero2 + riporto ;

        /* VERIFICA CHE IL RISULTATO DELLA SOMMA SIA 0 O 1 */
        /* ASSEGNA IL RIPORTO A 1 SE IL RISULTATO DELLA SOMMA E' DIVERSO
        DA 0 O 1, ASSEGNA IL RIPORTO A ZERO ALTRIMENTI */
        if ( bit_risultato >= 2 )
```

```
                {
                    bit_risultato = bit_risultato - 2 ;
                    riporto = 1 ;
                }
            else
                riporto = 0 ;

            /* STAMPA IL RISULTATO */
            printf("Il risultato per la cifra %d di peso %d e' %d e il riporto e' %d\n",
                    num_bits+1, num_bits, bit_risultato, riporto) ;

            /* INCREMENTA IL CONTATORE "num_bits" */
            num_bits = num_bits + 1 ;
        }

        /* STAMPA L'INFORMAZIONE SULLA CONDIZIONE DI OVERFLOW */
        printf("\n") ;
        if ( riporto == 1 )
            printf("La somma ha generato overflow\n") ;
        else
            printf("La somma non ha generato overflow\n") ;

        exit(0) ;
    }
```

Soluzione alternativa

```
    /* PROGRAMMAZIONE IN C */

    /* File: somma_binario2.c */
    /* Soluzione proposta esercizio "Somma di numeri binari" */

    #include <stdio.h>
    #include <stdlib.h>

    int main(void)
    {
        int N ;                 /* numero di cifre binarie */
        int bit_numero1 ;       /* cifra binaria del primo numero */
        int bit_numero2 ;       /* cifra binaria del secondo numero */
        int bit_risultato ;     /* cifra binaria risultato dell'operazione di somma */
        int riporto ;           /* riporto */
        int num_bits ;          /* contatore per scandire le cifre binarie */

        /* LEGGI IL NUMERO DI CIFRE BINARIE */
        printf("Inserisci il numero di bit: ") ;
        scanf("%d", &N) ;

        /* INIZIALIZZA IL RIPORTO A 0 */
        riporto = 0;

        /* LEGGI LE CIFRE BINARIE A PARTIRE DAL BIT MENO SIGNIFICATIVO */
        printf("\nInserisci i due numeri binari partendo dal bit meno significativo\n");

        /* INIZIALIZZA "num_bits" A 0 */
        num_bits = 0 ;

        while ( num_bits < N )
        {
            /* LEGGI LA CIFRA BINARIA DEL PRIMO NUMERO */
            printf("\n");
            printf ("Inserisci la cifra %d di peso %d del primo numero: ",
                    num_bits+1, num_bits) ;
            scanf("%d", &bit_numero1) ;

            /* LEGGI LA CIFRA BINARIA DEL SECONDO NUMERO */
            printf ("Inserisci la cifra %d di peso %d del secondo numero: ",
                    num_bits+1, num_bits) ;
            scanf("%d", &bit_numero2) ;
```

```c
                    /* SOMMA LE DUE CIFRE BINARIE */

                    /* CASO 1: IL RIPORTO OTTENUTO DALLA SOMMA DElLE DUE CIFRE BINARIE
                    PRECEDENTI E' 0 */
                    if ( riporto == 0 )
                    {
                        /* VERIFICA SE LE DUE CIFRE BINARIE SONO DIVERSE
                        (1 e 0 oppure 0 e 1) */
                        if ( bit_numero1 != bit_numero2 )
                        {
                            /* SE LE DUE CIFRE BINARIE SONO DIVERSE LA SOMMA
                            E' 1 E IL RIPORTO E' 0 */
                            bit_risultato = 1 ;
                            riporto = 0 ;
                        }
                        else
                        {
                            /* SE LE DUE CIFRE BINARIE SONO UGUALI (ENTRAMBE 1 OPPURE 0)
                            LA SOMMA E' 0 */
                            bit_risultato = 0 ;

                            /* SE LE DUE CIFRE BINARIE SONO UGUALI A 1 IL RIPORTO E' 1 */
                            if ( bit_numero1 == 1 ) /* OPPURE bit_numero2 == 1 */
                                riporto = 1 ;
                            else
                                /* SE LE DUE CIFRE BINARIE SONO UGUALI A 0 IL RIPORTO E' 0 */
                                riporto = 0 ;
                        }
                    }
                    else
                    {
                        /* CASO 2: IL RIPORTO OTTENUTO DALLA SOMMA DELLE DUE CIFRE
                        BINARIE PRECEDENTI E' 1 */

                        /* VERIFICA SE LE DUE CIFRE BINARIE SONO DIVERSE
                        (1 e 0 oppure 0 e 1) */
                        if (bit_numero1 != bit_numero2 )
                        {
                            /* SE LE DUE CIFRE BINARIE SONO DIVERSE
                            LA SOMMA E' 0 E IL RIPORTO E' 1 */
                            bit_risultato = 0 ;
                            riporto = 1 ;
                        }
                        else
                        {
                            /* SE LE DUE CIFRE BINARIE SONO UGUALI (ENTRAMBE 1 OPPURE 0)
                            LA SOMMA E' 1 */
                            bit_risultato = 1 ;

                            /* SE LE DUE CIFRE BINARIE SONO UGUALI 1 IL RIPORTO E' 1 */
                            if ( bit_numero1 == 1 ) /* oppure bit_numero2 == 1 */
                                riporto = 1 ;
                            else
                                /* SE LE DUE CIFRE BINARIE SONO UGUALI A 0 IL RIPORTO E' 0 */
                                riporto = 0 ;
                        }
                    }

                    /* STAMPA IL RISULTATO */
                    printf("Il risultato per la cifra %d di peso %d e' %d e il riporto e' %d\n",
                            num_bits+1, num_bits, bit_risultato, riporto) ;

                    /* INCREMENTA IL CONTATORE "num_bits" */
                    num_bits = num_bits + 1 ;
                }

                /* STAMPA L'INFORMAZIONE SULLA CONDIZIONE DI OVERFLOW */
                printf("\n") ;
                if ( riporto == 1 )
                    printf("La somma ha generato overflow\n") ;
```

CAPITOLO 12. SOLUZIONI: CICLI ED ITERAZIONI

```
            else
                printf("La somma non ha generato overflow\n") ;
        exit(0) ;
    }
```

12.15 Esercizio 4.28 (Conversione Decimale-Binario)

← 15

```c
/* PROGRAMMAZIONE IN C */

/* File: Decimale_Binario_FixedBits.c */
/* Soluzione proposta esercizio "Conversione Decimale-Binario su un numero fisso di bit" */

#include <stdio.h>
#include <stdlib.h>
#include <math.h>

#define BASE 2

int main(void)
{
    int numero_decimale ;   /* numero decimale */
    int N ;                 /* numero di cifre binarie */
    int bit ;               /* cifra binaria */
    int num_bits ;          /* contatore per scandire le cifre binarie */

    /* LEGGI IL NUMERO DECIMALE */
    printf("Inserire il numero decimale da convertire: ") ;
    scanf("%d", &numero_decimale) ;

    /* LEGGI IL NUMERO DI BIT */
    printf("Inserisci il numero di bit: ") ;
    scanf("%d", &N) ;

    /* VERIFICA CHE IL NUMERO DI BIT SIA SUFFICIENTE PER RAPPRESENTARE
    IL NUMERO DECIMALE */
    if ( pow(BASE,N) - 1 < numero_decimale )
        printf("Errore: il numero di bit e' insufficiente\n");
    else
    {
        /* INIZIALIZZA "num_bits" A 0 */
        num_bits = 0 ;

        /* IL CICLO CALCOLA LE CIFRE BINARIE PER RAPPRESENTARE IL NUMERO
        DECIMALE, PARTENDO DALLA CIFRA BINARIA MENO SIGNIFICATIVA (LSB) */
        while ( num_bits < N )
        {
            /* CALCOLA LA CIFRA BINARIA DI PESO "num_bits" */
            bit = numero_decimale % BASE ;

            /* CALCOLA IL NUMERO DECIMALE DA DIVIDERE PER "dividendo"
            ALLA PROSSIMA ESECUZIONE DEL CICLO */
            numero_decimale = numero_decimale/BASE ;

            /* STAMPA IL RISULTATO */
            printf("Cifra binaria di peso 2^%d: %d\n", num_bits, bit) ;

            /* INCREMENTA IL CONTATORE "num_bits" */
            num_bits = num_bits + 1 ;
        }
    }
    exit(0) ;
}
```

12.16 Esercizio 4.29 (Numeri di Fibonacci)

← 16

```c
/* PROGRAMMAZIONE IN C */

/* File: fibonacci.c */
/* Soluzione proposta esercizio "Numeri di Fibonacci" */
```

```c
#include <stdio.h>
#include <stdlib.h>

int main(void)
{
    int N ;                 /* numero di termini della serie */
    int nuovo_termine;      /* nuovo termine della serie */
    int prec_1, prec_2 ;    /* due termini precedenti nella serie */
    int num_termini;        /* contatore per scandire i termini della serie */

    /* LEGGI IL NUMERO TERMINI DELLA SEQUENZA */
    printf("Inserisci il numero di termini della serie di Fibonacci: ") ;
    scanf("%d", &N) ;

    /* INIZIALIZZA A 1 I PRIMI DUE TERMINI DELLA SERIE */
    prec_1 = 1 ;
    prec_2 = 1 ;

    /* INIZIALIZZA A 1 IL PRIMO VALORE DELLA SERIE */
    nuovo_termine = 1 ;

    /* INIZIALIZZA A 0 IL CONTATORE CHE SCANDISCE I TERMINI DELLA SERIE */
    num_termini = 0 ;

    while ( num_termini < N )
    {
        /* I PRIMI DUE TERMINI DELLA SERIE SONO UGUALI A 1.
        I TERMINI SUCCESSIVI SONO CALCOLATI COME SOMMA DEI DUE TERMINI PRECEDENTI */
        if ( num_termini >= 2 )
        {
            /* CALCOLA IL NUOVO TERMINE DELLA SERIE */
            nuovo_termine = prec_1 + prec_2 ;

            /* AGGIORNA IL VALORE DEI DUE TERMINI PRECEDENTI NELLA SERIE */
            prec_2 = prec_1 ;
            prec_1 = nuovo_termine ;
        }

        /* STAMPA UN NUOVO TERMINE DELLA SERIE */
        printf("%d ", nuovo_termine) ;

        /* INCREMENTA IL CONTATORE "num_termini" */
        num_termini = num_termini + 1 ;
    }

    /* RIPORTA A CAPO IL CURSORE AL TERMINE DELLA STAMPA DELLA SERIE */
    printf("\n");
    exit(0) ;
}
```

Capitolo *13*

Soluzioni: Vettori

13.1 Esercizio 5.1 (Ricerca di un elemento in vettore)

↩ 18

```c
/* PROGRAMMAZIONE IN C */

/* File: ricerca_elemento.c */
/* Soluzione proposta esercizio "Ricerca di un elemento in un vettore" */

#include <stdio.h>
#include <stdlib.h>

int main(void)
{
    const int MAXN = 30 ;   /* dimensione massima del vettore */

    int N ;                 /* occupazione effettiva del vettore */
    int vet[MAXN] ;         /* sequenza di numeri interi */
    int i ;                 /* indice dei cicli */
    int numero ;            /* numero da ricercare nella sequenza */
    int trovato ;           /* flag per indicare se la sequenza contiene
                               il numero inserito */

    /* LEGGI LE DIMENSIONI DEL VETTORE */
    do
    {
        printf("Quanti numeri saranno inseriti? ") ;
        scanf("%d",&N) ;

        /* LA DIMENSIONE MASSIMA DEL VETTORE E' COMPRESA TRA 1 E MAXN */
        if ( N > MAXN || N <=0 )
            printf("Errore: il numero deve essere compreso tra %d e 0\n",
                    MAXN) ;
    }
    while ( N > MAXN || N <=0 ) ;

    /* LEGGI UNA SEQUENZA DI N NUMERI INTERI, MEMORIZZANDOLI IN UN VETTORE */
    printf("Inserisci una sequenza di %d numeri\n", N) ;
    for ( i=0; i<N; i++ )
    {
        printf("Elemento %d: ", i+1) ;
        scanf("%d", &vet[i]) ;
    }
    printf("\n") ;

    /* STAMPA IL VETTORE DI INTERI */
    printf("La sequenza inserita e' la seguente\n") ;
    for ( i=0; i<N; i++ )
        printf("Elemento %d: %d\n", i+1, vet[i]) ;
    printf("\n") ;

    /* LEGGI IL NUMERO DA RICERCARE NELLA SEQUENZA */
```

```
            printf("Inserisci il numero da cercare nella sequenza: ") ;
50          scanf("%d",&numero) ;

            /* VERIFICA SE LA SEQUENZA DI NUMERI CONTIENE IL NUMERO INSERITO */

            /* INIZIALIZZA IL FLAG "trovato". IL FLAG ASSUME I VALORI
55          -- "trovato" E' UGUALE A 0 SE IL VETTORE "vet" NON CONTIENE IL VALORE "numero"
            -- "trovato" E' UGUALE A 1 SE IL VETTORE "vet" CONTIENE IL VALORE "numero" */
            trovato = 0 ;

            /* IL CICLO FOR SCANDISCE IL VETTORE "vet" E VERIFICA SE CONTIENE
60          IL VALORE "numero".

            LA RICERCA TERMINA QUANDO SI TROVA UNA CELLA "vet[i]"
            UGUALE A "numero" O QUANDO SONO STATE CONSIDERATE TUTTE LE CELLE DEL VETTORE */

65          for ( i=0; i<N && trovato==0; i++ )
            {
                if ( vet[i] == numero )
                    /* SE "vet" CONTIENE IL VALORE IN "numero", AGGIORNA IL FLAG "trovato" */
                    trovato = 1 ;
70          }

            /* STAMPA IL RISULTATO */
            if ( trovato == 0 )
                printf("Il numero %d non e' contenuto nella sequenza inserita\n", numero) ;
75          else
                printf("Il numero %d e' contenuto nella sequenza inserita\n", numero) ;

            exit(0) ;
    }
```

13.2 Esercizio 5.2 (Verificare se un vettore contiene tutti elementi uguali)

← 18

```
    /* PROGRAMMAZIONE IN C */

    /* File: tutti_uguali.c */
    /* Soluzione proposta esercizio "Verificare se un vettore contiene tutti
5   elementi tra loro uguali" */

    #include <stdio.h>
    #include <stdlib.h>

10  int main(void)
    {
        const int MAXN = 30 ;   /* dimensione massima del vettore */

        int N ;                 /* occupazione del vettore */
15      int vet[MAXN] ;         /* sequenza di numeri interi */
        int i ;                 /* indice dei cicli */
        int uguali ;            /* flag per indicare se la sequenza contiene numeri
                                   tutti uguali */

20      /* LEGGI LE DIMENSIONI DEL VETTORE */
        do
        {
            printf("Quanti numeri saranno inseriti? ") ;
            scanf("%d",&N) ;
25
            /* LA DIMENSIONE MASSIMA DEL VETTORE E' COMPRESA TRA 1 E MAXN */
            if ( N > MAXN || N <=0 )
                printf("Errore: il numero deve essere compreso tra %d e 0\n",
                    MAXN) ;
30      }
        while ( N > MAXN || N <=0 ) ;


        /* LEGGI UNA SEQUENZA DI N NUMERI INTERI, MEMORIZZANDOLI IN UN VETTORE */
```

```c
        printf("Inserisci una sequenza di %d numeri\n", N) ;
        for ( i=0; i<N; i++ )
        {
            printf("Elemento %d: ", i+1) ;
            scanf("%d", &vet[i]) ;
        }
        printf("\n") ;

        /* STAMPA IL VETTORE DI INTERI */
        printf("La sequenza inserita e' la seguente\n") ;
        for ( i=0; i<N; i++ )
            printf("Elemento %d: %d\n", i+1, vet[i]) ;
        printf("\n") ;

        /* VERIFICA SE TUTTI I NUMERI DELLA SEQUENZA SONO UGUALI */

        /* INIZIALIZZA IL FLAG "uguali". IL FLAG ASSUME I VALORI
        -- "uguali" E' UGUALE A 0 SE ALMENO DUE CELLE DEL VETTORE NON CONTENGONO
           LO STESSO VALORE
        -- "uguali" E' UGUALE A 1 SE TUTTE LE CELLE DEL VETTORE CONTENGONO
           LO STESSO VALORE */
        uguali = 1 ;

        /* IL CICLO FOR SCANDISCE IL VETTORE "vet" E VERIFICA SE TUTTE LE COPPIE DI
        CELLE ADIACENTI CONTENGONO LO STESSO VALORE. LA RICERCA TERMINA QUANDO
        SI TROVANO ALMENO DUE CELLE ADIACENTI CHE NON CONTENGONO LO STESSO VALORE O
        QUANDO SONO STATE CONSIDERATE TUTTE LE CELLE DEL VETTORE */

        /* NEL CICLO FOR SI CONFRONTA OGNI CELLA DEL VETTORE CON LA CELLA PRECEDENTE.
        SI OSSERVA CHE LA CELLA CON INDICE 0 (VET[0]) NON PUO' ESSERE CONFRONTATA
        CON LA CELLA PRECEDENTE (CON INDICE -1). PERTANTO L'INDICE "i" DEL CICLO
        ASSUME I VALORI TRA 1 E N-1 */
        for ( i=1; i < N && uguali==1; i++ )
        {
            if ( vet[i] != vet[i-1] )
                /* SE LE DUE CELLE NON CONTENGONO LO STESSO VALORE, AGGIORNA IL
                FLAG "uguali" */
                uguali = 0 ;
        }

        /* STAMPA IL RISULTATO */
        if ( uguali == 0 )
            printf("La sequenza non contiene numeri tutti uguali\n") ;
        else
            printf("La sequenza contiene numeri tutti uguali\n") ;

        exit(0) ;
}
```

13.3 Esercizio 5.4 (Verifica ordinamento vettore)

← 18

```c
/* PROGRAMMAZIONE IN C */

/* File: vettore_ordinato.c */
/* Soluzione proposta esercizio "Verificare se un vettore di interi e' ordinato" */

#include <stdio.h>
#include <stdlib.h>

int main(void)
{

    const int MAXN = 30 ;   /* dimensione massima del vettore */

    int N ;                 /* occupazione del vettore */
    int vet[MAXN] ;         /* sequenza di numeri interi */
    int i ;                 /* indice dei cicli */
    int crescente ;         /* flag per indicare se la sequenza e' crescente */

    /* LEGGI LE DIMENSIONI DEL VETTORE */
```

```
   do
   {
       printf("Quanti numeri saranno inseriti? ") ;
       scanf("%d",&N) ;

       /* LA DIMENSIONE MASSIMA DEL VETTORE E' COMPRESA TRA 1 E MAXN */
       if ( N > MAXN || N <=0 )
           printf("Errore: il numero deve essere compreso tra %d e 0\n",
               MAXN) ;
   }
   while ( N > MAXN || N <=0 ) ;

   /* LEGGI UNA SEQUENZA DI N NUMERI INTERI, MEMORIZZANDOLI IN UN VETTORE */
   printf("Inserisci una sequenza di %d numeri\n", N) ;
   for ( i=0; i<N; i++ )
   {
       printf("Elemento %d: ", i+1) ;
       scanf("%d", &vet[i]) ;
   }
   printf("\n") ;

   /* STAMPA IL VETTORE DI INTERI */
   printf("La sequenza inserita e' la seguente\n") ;
   for ( i=0; i<N; i++ )
       printf("Elemento %d: %d\n", i+1, vet[i]) ;
   printf("\n") ;

   /* VERIFICA SE LA SEQUENZA DI NUMERI E' ORDINATA IN MODO CRESCENTE */

   /* INIZIALIZZA IL FLAG "crescente". IL FLAG ASSUME I VALORI
      -- "crescente"  E' UGUALE A 1 SE LA SEQUENZA E' CRESCENTE
      -- "crescente"  E' UGUALE A 0 SE LA SEQUENZA NON E' CRESCENTE */
   crescente = 1 ;

   /* IL CICLO FOR SCANDISCE IL VETTORE "vet" E CONTROLLA SE LA SEQUENZA
      MEMORIZZATA NEL VETTORE E' CRESCENTE. LA RICERCA TERMINA QUANDO SI VERIFICA
      CHE LA SEQUENZA NON E' CRESCENTE O QUANDO SONO STATE CONSIDERATE TUTTE
      LE CELLE DEL VETTORE */

   /* NEL CICLO FOR SI CONFRONTA OGNI CELLA DEL VETTORE CON LA CELLA PRECEDENTE.
      SI OSSERVA CHE LA CELLA CON INDICE 0 (VET[0]) NON PUO' ESSERE CONFRONTATA
      CON LA CELLA PRECEDENTE (CON INDICE -1). PERTANTO L'INDICE "i" DEL CICLO
      ASSUME I VALORI TRA 1 E N-1 */
   for ( i=1; i < N && crescente==1; i++ )
   {
       if ( vet[i] <= vet[i-1] )
           /* SEQUENZA NON CRESCENTE, AGGIORNA IL FLAG "crescente" */
           crescente = 0 ;
   }

   /* STAMPA IL RISULTATO */
   if ( crescente == 0 )
       printf("La sequenza non e' crescente\n") ;
   else
       printf("La sequenza e' crescente\n") ;

   exit(0) ;
}
```

13.4 Esercizio 5.5 (Stampa istogrammi)

← 18

```
/* PROGRAMMAZIONE IN C */

/* File: istogrammi.c */
/* Soluzione proposta esercizio "Stampa istogrammi" */

#include <stdio.h>
#include <stdlib.h>

int main(void)
```

```c
{
    const int MAXN = 200 ;     /* dimensione massima del vettore */

    int N ;                    /* occupazione del vettore */
    int vet[MAXN] ;            /* sequenza di numeri interi */
    int i, j ;                 /* indici dei cicli */

    /* LEGGI LE DIMENSIONI DEL VETTORE */
    do
    {
        printf("Quanti numeri saranno inseriti? ") ;
        scanf("%d",&N) ;

        /* LA DIMENSIONE MASSIMA DEL VETTORE E' COMPRESA TRA 1 E MAXN */
        if ( N > MAXN || N <=0 )
            printf("Errore: il numero deve essere compreso tra %d e 0\n",
                   MAXN) ;
    }
    while ( N > MAXN || N <=0 ) ;

    /* LEGGI UNA SEQUENZA DI N NUMERI INTERI, MEMORIZZANDOLI IN UN VETTORE */
    printf("Inserisci una sequenza di %d numeri\n", N) ;
    for ( i=0; i<N; i++ )
    {
        printf("Elemento %d: ", i+1) ;
        scanf("%d", &vet[i]) ;
    }
    printf("\n") ;

    /* STAMPA IL VETTORE DI INTERI */
    printf("La sequenza inserita e' la seguente\n") ;
    for ( i=0; i<N; i++ )
        printf("Elemento %d: %d\n", i+1, vet[i]) ;
    printf("\n") ;

    /* STAMPA GLI ISTOGRAMMI */
    printf("Stampa degli istogrammi\n") ;
    for ( i=0; i<N; i++ )
    {
        /* STAMPA IL NUMERO IN POSIZIONE "i" NEL VETTORE "vet" (OSSIA vet[i]) */
        printf("Elemento %d: %d ", i+1, vet[i]) ;

        /* STAMPA L'ISTOGRAMMA PER IL NUMERO "vet[i]", OSSIA STAMPA UN
           NUMERO DI "*" UGUALE A vet[i] */
        for ( j=0; j < vet[i]; j++ )
            printf("*") ;
        printf("\n") ;
    }
    exit(0) ;
}
```

13.5 Esercizio 5.6 (Opposto di un numero in complemento a 2)

←19

```c
/* PROGRAMMAZIONE IN C */

/* File: opposto_ca2_vettori_v1.c */
/* Soluzione proposta esercizio "Calcolo dell'opposto di un
numero binario rappresentato in complemento a 2 su N bit" */

#include <stdio.h>
#include <stdlib.h>

int main(void)
{
    const int MAXN = 200 ;     /* dimensione massima del vettore */

    int N ;                    /* numero di cifre del numero binario */
    int bit[MAXN] ;            /* numero binario */
    int opposto[MAXN] ;        /* opposto del numero binario */
```

CAPITOLO 13. SOLUZIONI: VETTORI

```
            int inverti ;           /* flag per indicare se le cifre binarie devono
                                       essere invertite */
20          int i ;                 /* indice dei cicli */

            /* LEGGI IL NUMERO DI CIFRE BINARIE */
            do
            {
25              printf("Quanti bit saranno inseriti? ") ;
                scanf("%d", &N) ;

                if ( N > MAXN || N <=0 )
                    printf("Errore: il numero deve essere compreso tra %d e 0\n",
30                          MAXN) ;
            }
            while ( N > MAXN || N <=0 ) ;

            /* LEGGI LE CIFRE BINARIE E MEMORIZZALE NEL VETTORE. L'ELEMENTO "bit[0]"
35          CONTIENE IL BIT PIU' SIGNIFICATIVO. L'ELEMENTO "bit[N-1]" CONTIENE IL BIT
            MENO SIGNIFICATIVO */

            printf("Inserisci le cifre binarie partendo dalla piu' significativa\n") ;
            for ( i=0; i<N; i++ )
40          {
                printf("Inserisci il bit di peso %d: ", N-1-i) ;
                scanf("%d",&bit[i]) ;
            }

45          /* STAMPA IL NUMERO BINARIO INSERITO */
            printf("Il numero binario inserito e' il seguente:\n") ;
            for ( i=0; i<N; i++ )
                printf("Bit di peso %d: %d\n", N-1-i, bit[i]) ;
            printf("\n") ;
50
            /* LEGGI LE CIFRE DEL NUMERO BINARIO A PARTIRE DALLA CIFRA MENO SIGNIFICATIVA
            ("bit[N-1]") A QUELLA PIU' SIGNIFICATIVA ("bit[0]") ED ESEGUI
            LA CONVERSIONE */

55          /* INIZIALIZZA IL FLAG "inverti":
            -- SE "inverti" E' UGUALE a 1: si invertono tutte le cifre binarie successive
            -- SE "inverti" E' UGUALE A 0: si ricopiano in uscita i bit successivi
            "inverti" E' INIZIALIZZATO A 0 ED ASSEGNATO A 1 QUANDO SI TROVA IL
            PRIMO BIT UGUALE A 1 */
60          inverti = 0 ;

            for ( i=N-1; i>=0; i-- )
            {
                /* CALCOLA IL VALORE OPPOSTO */
65              if ( inverti == 0 )
                {
                    /* RICOPIA IN USCITA LA CIFRA BINARIA INSERITA */
                    opposto[i] = bit[i] ;

70                  /* SE HAI TROVATO LA PRIMA CIFRA BINARIA AD 1, AGGIORNA "inverti" */
                    if ( bit[i] == 1 )
                        inverti = 1 ;
                }
                else
75              {
                    /* RICOPIA IN USCITA L'INVERSO DELLA CIFRA BINARIA INSERITA */
                    if ( bit[i] == 1 )
                        opposto[i] = 0 ;
                    else
80                      opposto[i] = 1 ;
                }
            }

            /* STAMPA IL RISULTATO A PARTIRE DALLA CIFRA PIU' SIGNIFICATIVA */
85          printf("Il numero binario risultante e' il seguente:\n");
            for ( i=0; i<N; i++ )
                printf("bit di peso %d: %d\n", N-1-i, opposto[i]) ;
```

```c
        printf("\n") ;

        exit(0) ;
}
```

13.6 Esercizio 5.7 (Operazione di shift di un vettore)

↩ 19

```c
/* PROGRAMMAZIONE IN C */

/* File: shift_vettore.c */
/* Soluzione proposta esercizio "Operazione di shift di un vettore" */

#include <stdio.h>
#include <stdlib.h>

int main(void)
{
    const int MAXN = 200 ;   /* dimensione massima del vettore */

    int N ;                  /* dimensione del vettore */
    int vet[MAXN] ;          /* sequenza di numeri interi */
    int i ;                  /* indice dei cicli */

    /* LEGGI LE DIMENSIONI DEL VETTORE */
    do
    {
        printf("Quanti numeri saranno inseriti? ") ;
        scanf("%d",&N) ;

        /* LA DIMENSIONE MASSIMA DEL VETTORE E' COMPRESA TRA 1 E MAXN */
        if ( N > MAXN || N <=0 )
            printf("Errore: il numero deve essere compreso tra %d e 0\n",
                   MAXN) ;
    }
    while ( N > MAXN || N <=0 ) ;

    /* LEGGI UNA SEQUENZA DI N NUMERI INTERI, MEMORIZZANDOLI IN UN VETTORE */
    printf("Inserisci una sequenza di %d numeri\n", N) ;
    for ( i=0; i<N; i++ )
    {
        printf("Elemento %d: ", i+1) ;
        scanf("%d", &vet[i]) ;
    }
    printf("\n") ;

    /* STAMPA IL VETTORE DI INTERI */
    printf("La sequenza inserita e' la seguente\n") ;
    for ( i=0; i<N; i++ )
        printf("Elemento %d: %d\n", i+1, vet[i]) ;
    printf("\n") ;

    /* ESEGUI UNO SPOSTAMENTO (SHIFT) A SINISTRA DI UNA POSIZIONE DEL CONTENUTO
       DEL VETTORE. ASSEGNA IL VALORE 0 ALLA CELLA vet[N-1] */
    for ( i=0; i<N-1; i++ )
        /* COPIA NELLA CELLA vet[i] IL CONTENUTO DELLA CELLA SUCCESSIVA vet[i+1] */
        vet[i] = vet[i+1] ;

    /* ASSEGNA IL VALORE 0 ALLA CELLA vet[N-1]. NOTA: QUESTA ASSEGNAZIONE DEVE
       ESSERE FATTA AL TERMINE DEL CICLO FOR. INFATTI SE VIENE FATTA PRIMA DEL CICLO
       FOR SI PERDEREBBE IL VALORE INIZIALMENTE CONTENUTO NELLA CELLA vet[N-1].
       QUESTO VALORE DEVE INVECE ESSERE ASSEGNATO ALLA CELLA vet[N-2] */
    vet[N-1] = 0 ;

    /* STAMPA IL VETTORE DI INTERI */
    printf("Stampa del vettore dopo l'operazione di shift a sinistra\n");
    for ( i=0; i<N; i++ )
        printf("Elemento %d: %d\n", i+1, vet[i]) ;
    printf("\n") ;

    /* ESEGUI UNO SPOSTAMENTO (SHIFT) A DESTRA DI UNA POSIZIONE DEL CONTENUTO
```

CAPITOLO 13. SOLUZIONI: VETTORI

```
                 DEL VETTORE. ASSEGNA IL VALORE 0 ALLA CELLA vet[0] */
65          for ( i=N-1; i>0; i-- )
                /* COPIA NELLA CELLA vet[i] IL CONTENUTO DELLA CELLA PRECEDENTE vet[i-1] */
                vet[i] = vet[i-1] ;

            /* ASSEGNA IL VALORE 0 ALLA CELLA vet[0]. NOTA: QUESTA ASSEGNAZIONE DEVE
70             ESSERE FATTA AL TERMINE DEL CICLO FOR. INFATTI SE VENISSE FATTA PRIMA DEL
               CICLO FOR SI PERDE IL VALORE INIZIALMENTE CONTENUTO NELLA CELLA vet[0].
               QUESTO VALORE DEVE INVECE ESSERE ASSEGNATO ALLA CELLA vet[1] */
            vet[0] = 0 ;

75          /* STAMPA IL VETTORE DI INTERI */
            printf("Stampa del vettore dopo l'operazione di shift a destra\n");
            for ( i=0; i<N; i++ )
                printf("Elemento %d: %d\n", i+1, vet[i]) ;
            printf("\n") ;
80
            exit(0) ;
        }
```

13.7 Esercizio 5.8 (Compattazione di un vettore)

← 19

```
        /* PROGRAMMAZIONE IN C */

        /* File: compattazione.c */
        /* Soluzione proposta esercizio "Compattazione di un vettore" */
5
        #include <stdio.h>
        #include <stdlib.h>

        int main(void)
10      {
            const int MAXN = 20 ;                /* dimensione massima del vettore */

            int vet[MAXN] ;                      /* sequenza di numeri interi */
15          int compatto[MAXN] ;                 /* sequenza compatta di numeri interi */
            int N ;                              /* dimensione del vettore "vet" */
            int N_compatto ;                     /* dimensione del vettore "compatto" */
            int i, j ;                           /* indici dei cicli */
            int trovato ;                        /* flag per la ricerca */
20
            /* LEGGI LE DIMENSIONI DEL VETTORE */
            do
            {
                printf("Quanti numeri saranno inseriti? ") ;
25              scanf("%d",&N) ;

                /* LA DIMENSIONE MASSIMA DEL VETTORE E' COMPRESA TRA 1 E MAXN */
                if ( N > MAXN || N <=0 )
                    printf("Errore: il numero deve essere compreso tra %d e 0\n",
30                         MAXN) ;
            }
            while ( N > MAXN || N <=0 ) ;

            /* LEGGI UNA SEQUENZA DI N NUMERI INTERI, MEMORIZZANDOLI IN UN VETTORE */
35          printf("Inserisci una sequenza di %d numeri\n", N) ;
            for ( i=0; i<N; i++ )
            {
                printf("Elemento %d: ", i+1) ;
                scanf("%d", &vet[i]) ;
40          }
            printf("\n") ;

            /* STAMPA IL VETTORE DI INTERI */
            printf("La sequenza inserita e' la seguente\n") ;
45          for ( i=0; i<N; i++ )
                printf("Elemento %d: %d\n", i+1, vet[i]) ;
            printf("\n") ;
```

```c
        /* AGGIORNA IL VETTORE "compatto" */

        /* INIZIALMENTE IL VETTORE "compatto" NON CONTIENE NESSUN NUMERO */
        N_compatto = 0 ;

        /* IL CICLO FOR SCANDISCE IL VETTORE "vet" */
        for ( i=0; i< N; i++ )
        {
            /* CONSIDERA SOLO LE CELLE IN "vet" CON VALORE DIVERSO DA 0 */
            if ( vet[i] != 0 )
            {
                /* INIZIALIZZA IL FLAG "trovato". IL FLAG ASSUME I VALORI
                   -- "trovato" E' UGUALE A 0 SE IL VETTORE "compatto" NON CONTIENE
                      IL VALORE IN "vet[i]"
                   -- "trovato" E' UGUALE A 1 SE IL VETTORE "compatto" CONTIENE
                      IL VALORE IN "vet[i]" */
                trovato=0;

                /* IL CICLO FOR SCANDISCE IL VETTORE "compatto"  E VERIFICA SE
                   IL VALORE IN "vet[i]" E' PRESENTE NEL VETTORE "compatto".

                   LA RICERCA TERMINA QUANDO SI TROVA ALMENO UNA CELLA "compatto[j]"
                   CHE HA LO STESSO VALORE DI "vet[i]" O QUANDO SONO STATE CONSIDERATE
                   TUTTE LE CELLE DEL VETTORE "compatto" */

                for ( j=0; j < N_compatto && trovato == 0; j++ )
                {
                    /* SE "compatto" CONTIENE "vet[i]", AGGIORNA IL FLAG "trovato" */
                    if ( compatto[j] == vet[i] )
                        trovato=1 ;
                }

                if ( trovato == 0 )
                {
                    /* SE "trovato" E' UGUALE A 0, IL VETTORE "compatto" NON CONTIENE
                       IL VALORE IN "vet[i]". ACCODA NEL VETTORE "compatto" IL VALORE IN
                       "vet[i]" E INCREMENTA LE DIMENSIONI DEL VETTORE "compatto" */
                    compatto[N_compatto] = vet[i] ;
                    N_compatto = N_compatto + 1 ;
                }
            }
        }

        /* STAMPA DEL VETTORE RISULTANTE (VETTORE "compatto") */
        printf("Stampa del vettore risultante\n");
        if (N_compatto == 0)
            printf("Il vettore risultante non contiene nessun elemento \n") ;
        else
        {
            printf("Il vettore risultante contiene %d elementi \n", N_compatto) ;
            for ( i=0; i< N_compatto; i++ )
                printf("Elemento %d: %d\n", i+1, compatto[i]) ;
            printf("\n") ;
        }
        exit(0) ;
    }
```

13.8 Esercizio 5.9 (Intersezione di due vettori)

Prima soluzione

```c
/* PROGRAMMAZIONE IN C */

/* File: intersezione_vettori.c */
/* Soluzione proposta esercizio "Intersezione di due vettori" */


#include <stdio.h>
#include <stdlib.h>
```

CAPITOLO 13. SOLUZIONI: VETTORI

```
10  int main(void)
    {
        const int MAXN = 30 ;         /* dimensione massima dei vettori */

        int vet1[MAXN], vet2[MAXN] ;  /* vettori di interi */
15      int N1, N2 ;                  /* dimensione dei vettori */

        int intersezione[MAXN] ;      /* intersezione tra i due vettori di interi */
        int N_intersezione ;          /* dimensione del vettore intersezione */

20      int i, j ;                    /* indici dei cicli */
        int trovato ;                 /* flag per la ricerca */

        /* LEGGI LE DIMENSIONI DEL PRIMO VETTORE */
        do
25      {
            printf("Quanti numeri saranno inseriti nel primo vettore? ") ;
            scanf("%d", &N1) ;

            /* LA DIMENSIONE MASSIMA DEL VETTORE E' COMPRESA TRA 1 E MAXN */
30          if ( N1 > MAXN || N1 <=0 )
                printf("Errore: il numero deve essere compreso tra 0 e %d\n",MAXN) ;
        }
        while ( N1 > MAXN || N1 <= 0 ) ;

35      /* LEGGI IL PRIMO VETTORE */
        printf("Inserisci il primo vettore di %d elementi\n", N1) ;
        for ( i=0; i< N1; i++ )
        {
            printf("Elemento %d: ", i+1) ;
40          scanf("%d", &vet1[i]) ;
        }
        printf("\n") ;

        /* STAMPA DEL PRIMO VETTORE */
45      printf("Stampa del primo vettore\n");
        for ( i=0; i< N1; i++ )
            printf("Elemento %d: %d\n", i+1, vet1[i]) ;
        printf("\n") ;

50      /* LEGGI LE DIMENSIONI DEL SECONDO VETTORE */
        do
        {
            printf("Quanti numeri saranno inseriti nel secondo vettore? ") ;
            scanf("%d", &N2) ;
55
            /* LA DIMENSIONE MASSIMA DEL VETTORE E' COMPRESA TRA 1 E MAXN */
            if ( N2 > MAXN || N2 <=0 )
                printf("Errore: il numero deve essere compreso tra 0 e %d\n", MAXN) ;
        }
60      while ( N2 > MAXN || N2 <= 0 ) ;

        /* LEGGI IL SECONDO VETTORE */
        printf("Inserisci il secondo vettore di %d elementi\n", N2) ;
        for ( i=0; i< N2; i++ )
65      {
            printf("Elemento %d: ", i+1) ;
            scanf("%d", &vet2[i]) ;
        }
        printf("\n") ;
70
        /* STAMPA DEL SECONDO VETTORE */
        printf("Stampa il secondo vettore\n");
        for ( i=0; i< N2; i++ )
            printf("Elemento %d: %d\n",i+1, vet2[i]) ;
75      printf("\n") ;

        /* AGGIORNA IL VETTORE "intersezione" */
```

CAPITOLO 13. SOLUZIONI: VETTORI

```
        /* INIZIALMENTE IL VETTORE "intersezione" NON CONTIENE NESSUN NUMERO */
80      N_intersezione = 0 ;

        /* IL CICLO FOR SCANDISCE IL VETTORE "vet1" */
        for ( i=0; i<N1; i++ )
        {
85          /* INIZIALIZZA IL FLAG "trovato". IL FLAG ASSUME I VALORI
              -- "trovato" E' UGUALE A 0 SE IL VETTORE "vet2" NON CONTIENE
                 IL VALORE IN "vet1[i]"
              -- "trovato" E' UGUALE A 1 SE IL VETTORE "vet2" CONTIENE IL
                 VALORE IN "vet1[i]" */
90          trovato = 0;

            /* PER OGNI ELEMENTO "vet1[i]" DI "vet1", IL CICLO FOR SCANDISCE IL
               VETTORE "vet2" E VERIFICA SE "vet2" CONTIENE IL VALORE IN "vet1[i]"

95             LA RICERCA TERMINA QUANDO SI TROVA UNA CELLA "vet2[j]" UGUALE A "vet1[i]"
               O QUANDO SONO STATE CONSIDERATE TUTTE LE CELLE DEL VETTORE "vet2" */

            for ( j=0; j<N2 && trovato==0; j++ )
            {
100             if ( vet2[j] == vet1[i] )
                {
                    /* SE "vet2" CONTIENE IL VALORE IN "vet1[i]", QUESTO
                       VALORE E' INSERITO NEL VETTORE "intersezione" */
                    intersezione[N_intersezione] = vet1[i] ;
105
                    /* INCREMENTA LA DIMENSIONE DEL VETTORE "intersezione" */
                    N_intersezione = N_intersezione + 1 ;

                    /* AGGIORNA IL FLAG "trovato" */
110                 trovato = 1 ;
                }
            }
        }

115     /* STAMPA DEL VETTORE "intersezione" */
        printf("Stampa del vettore intersezione\n");
        if (N_intersezione == 0)
            printf("Il vettore intersezione non contiene nessun elemento \n") ;
        else
120     {
            printf("Il vettore intersezione contiene %d elementi \n",
                   N_intersezione) ;
            for ( i=0; i< N_intersezione; i++ )
                printf("Elemento %d: %d\n", i+1, intersezione[i]) ;
125         printf("\n") ;
        }
    }
```

Soluzione alternativa

Nella soluzione precedente, un elemento comune ai due vettori e presente più volte nel primo vettore viene ripetuto anche nel vettore risultato. Ad esempio se sono stati inseriti i vettori 4 1 6 4 e 5 4 7 1, il programma genera la sequenza 4 1 4. Nella soluzione successiva, la sequenza risultato non contiene invece ripetizioni.

```
    /* PROGRAMMAZIONE IN C */

    /* File: intersezione_vettori_v2.c */
    /* Soluzione proposta esercizio "Intersezione di due vettori" */
5
    #include <stdio.h>
    #include <stdlib.h>

    int main(void)
10  {
        const int MAXN = 30 ;          /* dimensione massima del vettore */
```

CAPITOLO 13. SOLUZIONI: VETTORI

```
            int vet1[MAXN], vet2[MAXN] ;   /* vettori di interi */
15          int N1, N2 ;                   /* dimensione dei vettori */

            int intersezione[MAXN] ;       /* intersezione tra i due vettori di interi */
            int N_intersezione ;           /* dimensione del vettore intersezione */

20          int i, j ;                     /* indici dei cicli */
            int trovato, presente ;        /* flag per la ricerca */

            /* LEGGI LE DIMENSIONI DEL PRIMO VETTORE */
            do
25          {
                printf("Quanti numeri saranno inseriti nel primo vettore? ") ;
                scanf("%d", &N1) ;

                /* LA DIMENSIONE MASSIMA DEL VETTORE E' COMPRESA TRA 1 E MAXN */
30              if ( N1 > MAXN || N1 <=0 )
                    printf("Errore: il numero deve essere compreso tra %d e 0\n",MAXN) ;
            }
            while ( N1 > MAXN || N1 <= 0 ) ;

35          /* LEGGI IL PRIMO VETTORE */
            printf("Inserisci il primo vettore di %d elementi\n", N1) ;
            for ( i=0; i< N1; i++ )
            {
                printf("Elemento %d: ", i+1) ;
40              scanf("%d", &vet1[i]) ;
            }
            printf("\n") ;

            /* STAMPA DEL PRIMO VETTORE */
45          printf("Stampa del primo vettore\n");
            for ( i=0; i< N1; i++ )
                printf("Elemento %d: %d\n", i+1, vet1[i]) ;
            printf("\n") ;

50          /* LEGGI LE DIMENSIONI DEL SECONDO VETTORE */
            do
            {
                printf("Quanti numeri saranno inseriti nel secondo vettore? ") ;
                scanf("%d", &N2) ;
55
                /* LA DIMENSIONE MASSIMA DEL VETTORE E' COMPRESA TRA 1 E MAXN */
                if ( N2 > MAXN || N2 <=0 )
                    printf("Errore: il numero deve essere compreso tra %d e 0\n", MAXN) ;
            }
60          while ( N2 > MAXN || N2 <= 0 ) ;

            /* LEGGI IL SECONDO VETTORE */
            printf("Inserisci il secondo vettore di %d elementi\n", N2) ;
            for ( i=0; i< N2; i++ )
65          {
                printf("Elemento %d: ", i+1) ;
                scanf("%d", &vet2[i]) ;
            }
            printf("\n") ;
70
            /* STAMPA DEL SECONDO VETTORE */
            printf("Stampa il secondo vettore\n");
            for ( i=0; i< N2; i++ )
                printf("Elemento %d: %d\n",i+1, vet2[i]) ;
75          printf("\n") ;

            /* AGGIORNAMENTO DEL VETTORE "intersezione" */

            /* INIZIALMENTE IL VETTORE "intersezione" NON CONTIENE NESSUN NUMERO */
80          N_intersezione = 0 ;

            /* IL CICLO FOR SCANDISCE IL VETTORE "vet1" */
            for ( i=0; i<N1; i++ )
```

```
        {
        /* INIZIALIZZA IL FLAG "presente". IL FLAG ASSUME I VALORI
           -- "presente" E' UGUALE A 0 SE IL VETTORE "intersezione" NON C
              CONTIENE IL VALORE IN "vet1[i]"
           -- "presente" E' UGUALE A 1 SE IL VETTORE "intersezione"
              CONTIENE IL VALORE IN "vet1[i]" */
        presente = 0 ;

        /* IL CICLO FOR SCANDISCE IL VETTORE "intersezione" E VERIFICA SE IL
        VALORE IN "vet1[i]" E' GIA' PRESENTE NEL VETTORE "intersezione"

        LA RICERCA TERMINA QUANDO SI TROVA UNA CELLA "intersezione[j]"
        UGUALE A "vet1[i]" O QUANDO SONO STATE CONSIDERATE TUTTE LE CELLE
        DEL VETTORE "intersezione" */

        for ( j=0; j<N_intersezione && presente==0; j++ )
        {
            /* SE "intersezione" CONTIENE "vet1[i]", AGGIORNA IL FLAG
            "presente" */
            if ( intersezione[j] == vet1[i] )
                presente=1 ;
        }

        /* SE IL VETTORE "intersezione" NON CONTIENE IL VALORE IN "vet1[i]",
        VERIFICA SE VETTORE "vet2" CONTIENE IL VALORE IN "vet1[i]" */
        if ( presente == 0 )
        {
            /* INIZIALIZZA IL FLAG "trovato". IL FLAG ASSUME I VALORI
               -- "trovato" E' UGUALE A 0 SE IL VETTORE "vet2" NON CONTIENE
                  IL VALORE IN "vet1[i]"
               -- "trovato" E' UGUALE A 1 SE IL VETTORE "vet2" CONTIENE
                  IL VALORE IN "vet1[i]" */
            trovato = 0 ;

            /* PER OGNI ELEMENTO vet1[i] DI vet1, IL CICLO FOR SCANDISCE IL
            VETTORE "vet2" E VERIFICA SE "vet2" CONTIENE IL VALORE IN "vet1[i]"

            LA RICERCA TERMINA QUANDO SI TROVA UNA CELLA "vet2[j]" UGUALE
            A "vet1[i]" O QUANDO SONO STATE CONSIDERATE TUTTE LE CELLE DEL
            VETTORE "vet2" */

            for ( j=0; j<N2 && trovato==0; j++ )
            {
                if ( vet2[j] == vet1[i] )
                {
                    /* SE "vet2" CONTIENE IL VALORE IN "vet1[i]", QUESTO
                    VALORE E' INSERITO NEL VETTORE "intersezione" */
                    intersezione[N_intersezione] = vet1[i] ;

                    /* INCREMENTA LA DIMENSIONE DEL VETTORE "intersezione" */
                    N_intersezione = N_intersezione + 1 ;

                    /* AGGIORNA IL FLAG "trovato" */
                    trovato = 1 ;
                }
            }
        }
    }

    /* STAMPA DEL VETTORE "intersezione" */
    printf("Stampa del vettore intersezione\n");
    if (N_intersezione == 0)
        printf("Il vettore intersezione non contiene nessun elemento \n") ;
    else
    {
        printf("Il vettore intersezione contiene %d elementi \n", N_intersezione) ;
        for ( i=0; i< N_intersezione; i++ )
            printf("Elemento %d: %d\n", i+1, intersezione[i]) ;
        printf("\n") ;
    }
```

CAPITOLO 13. SOLUZIONI: VETTORI

```
                exit(0) ;
155     }
```

13.9 Esercizio 5.10 (Calcolo di occorrenze)

Prima soluzione

```c
    /* PROGRAMMAZIONE IN C */

    /* File: num_occorrenze.c */
    /* Soluzione proposta esercizio "Calcolo di occorrenze" */
5
    #include <stdio.h>
    #include <stdlib.h>

10  int main(void)
    {
        const int MAXN = 20 ;   /* dimensione massima del vettore */

        int vet[MAXN] ;         /* serie di numeri interi */
15      int compatto[MAXN] ;    /* serie compatta di numeri interi:
                                    contiene, senza ripetizione, i valori del
                                    vettore "vet" */
        int N ;                 /* dimensione del vettore "vet" */
        int N_compatto ;        /* dimensione del vettore "compatto" */
20      int i, j, t ;           /* indici dei cicli */
        int trovato ;           /* flag per la ricerca */
        int occorrenze;         /* numero di occorrenze */

        /* LEGGI LE DIMENSIONI DEL VETTORE */
25      do
        {
            printf("Quanti numeri saranno inseriti? ") ;
            scanf("%d",&N) ;

30          /* LA DIMENSIONE MASSIMA DEL VETTORE E' COMPRESA TRA 1 E MAXN */
            if ( N > MAXN || N <=0 )
                printf("Errore: il numero deve essere compreso tra %d e 0\n",
                    MAXN) ;
        }
35      while ( N > MAXN || N <=0 ) ;

        /* LEGGI UNA SERIE DI N NUMERI INTERI, MEMORIZZANDOLI IN UN VETTORE */
        printf("Inserisci il vettore di %d elementi\n", N) ;
        for ( i=0; i< N; i++ )
40      {
            printf("Elemento %d: ", i+1) ;
            scanf("%d", &vet[i]) ;
        }
        printf("\n") ;
45
        /* STAMPA IL VETTORE DI INTERI */
        printf("Stampa del vettore inserito\n") ;
        for ( i=0; i<N; i++ )
            printf("Elemento %d: %d\n", i+1, vet[i]) ;
50      printf("\n") ;

        /* AGGIORNA IL VETTORE "compatto" E CALCOLA IL NUMERO DI OCCORRENZE */

        /* INIZIALMENTE IL VETTORE "compatto" NON CONTIENE NESSUN NUMERO */
55      N_compatto = 0 ;

        /* IL CICLO FOR SCANDISCE IL VETTORE "vet1" */
        for ( i=0; i< N; i++ )
        {
60          /* INIZIALIZZA IL FLAG "trovato". IL FLAG ASSUME I VALORI
                -- "trovato" E' UGUALE A 0 SE IL VETTORE "compatto" NON CONTIENE
```

```
                    IL VALORE IN "vet[i]"
                 -- "trovato" E' UGUALE A 1 SE IL VETTORE "compatto" CONTIENE
                    IL VALORE IN "vet[i]" */
65              trovato=0 ;

                /* PER OGNI ELEMENTO vet1[i] DI vet1, IL CICLO FOR SCANDISCE IL VETTORE
                   "compatto" E VERIFICA SE "compatto" CONTIENE IL VALORE IN "vet1[i]"

70                 LA RICERCA TERMINA QUANDO SI TROVA UNA CELLA "compatto[j]"
                   UGUALE A "vet1[i]" O QUANDO SONO STATE CONSIDERATE TUTTE LE CELLE
                   DEL VETTORE "compatto" */

                for ( j=0; j< N_compatto && trovato==0; j++ )
75              {
                    /* SE "compatto" CONTIENE "vet1[i]", AGGIORNA IL FLAG "trovato" */
                    if ( compatto[j] == vet[i] )
                        trovato = 1 ;
                }
80
                if ( trovato == 0 )
                {
                    /* SE "trovato" E' UGUALE A 0, COPIA NEL VETTORE "compatto" IL
                       VALORE IN "vet[i]" */
85                  compatto[N_compatto] = vet[i] ;
                    N_compatto = N_compatto + 1 ;

                    /* CALCOLA IL NUMERO DI OCCORRENZE DI "vet[i]" NEL VETTORE "vet".
                       IL CICLO FOR SCANDISCE IL VETTORE "vet" E CONTA QUANTE VOLTE
90                     IL VALORE IN "vet[i]" E' PRESENTE NEL VETTORE "vet" */
                    occorrenze = 0 ;
                    for ( t=0; t< N; t++ )
                    {
                        if ( vet[t] == vet[i] )
95                          occorrenze = occorrenze + 1 ;
                    }

                    /* STAMPA DELLE OCCORRENZE */
                    printf("Elemento %d: %d, occorrenze %d\n", i+1, vet[i], occorrenze) ;
100             }
            }
            exit(0) ;
        }
```

Soluzione alternativa

In questa soluzione non viene utilizzato un vettore di supporto per tenere traccia dei numeri nel vettore per cui sono già state calcolate le occorrenze.

```
        /* PROGRAMMAZIONE IN C */

        /* File: num_occorrenze_v2.c */
        /* Soluzione proposta esercizio "Calcolo di occorrenze" */
5
        /* In questa soluzione non viene utilizzato un vettore di supporto
        per tenere traccia dei numeri nel vettore per cui sono già state calcolate
        le occorrenze*/

10      #include <stdio.h>
        #include <stdlib.h>

        int main(void)
        {
15          const int MAXN = 20 ;           /* dimensione massima del vettore */

            int vet[MAXN] ;                 /* serie di numeri interi */
            int N ;                         /* dimensione del vettore "vet" */
            int i, j, t ;                   /* indici dei cicli */
20          int trovato ;                   /* flag per la ricerca */
            int occorrenze;                 /* numero di occorrenze */
```

```
        /* LEGGI LE DIMENSIONI DEL VETTORE */
        do
25      {
            printf("Quanti numeri saranno inseriti? ") ;
            scanf("%d",&N) ;

            /* LA DIMENSIONE MASSIMA DEL VETTORE E' COMPRESA TRA 1 E MAXN */
30          if ( N > MAXN || N <=0 )
                printf("Errore: il numero deve essere compreso tra %d e 0\n",
                    MAXN) ;
        }
        while ( N > MAXN || N <=0 ) ;
35
        /* LEGGI UNA SERIE DI N NUMERI INTERI, MEMORIZZANDOLI IN UN VETTORE */
        printf("Inserisci il vettore di %d elementi\n", N) ;
        for ( i=0; i< N; i++ )
        {
40          printf("Elemento %d: ", i+1) ;
            scanf("%d", &vet[i]) ;
        }
        printf("\n") ;

45      /* STAMPA IL VETTORE DI INTERI */
        printf("Stampa del vettore inserito\n") ;
        for ( i=0; i<N; i++ )
            printf("Elemento %d: %d\n", i+1, vet[i]) ;
        printf("\n") ;
50
        /* CALCOLA IL NUMERO DI OCCORRENZE */

        /* IL CICLO FOR SCANDISCE IL VETTORE "vet1".
        PER OGNI CELLA "vet[i]", VERIFICA SE ESISTE UNA CELLA IN UNA DELLE POSIZIONI
55      PRECEDENTI, CHE CONTIENE UN VALORE UGUALE A "vet[i]" */
        for ( i=0; i< N; i++ )
        {
            /* INIZIALIZZA IL FLAG "trovato". IL FLAG ASSUME I VALORI
            -- "trovato" E' UGUALE A 0 SE IL VETTORE "vet" NON CONTIENE
60          UN'ALTRA CELLA CON LO STESSO VALORE DI "vet[i]"
            -- "trovato"  E' UGUALE A 1 SE IL VETTORE "vet" CONTIENE
            UN'ALTRA CELLA CON LO STESSO VALORE DI "vet[i]" */
            trovato=0 ;

65          /* IL CICLO FOR SCANDISCE TUTTE LE CELLE DEL VETTORE "vet"
            CHE PRECEDONO "vet[i]" */
            for ( j = 0; j < i && trovato==0; j++ )
            {
                /* SE SE ESISTE UNA CELLA IN UNA DELLE POSIZIONI PRECEDENTI,
70              CHE CONTIENE UN VALORE UGUALE A "vet[i]", AGGIORNA "trovato" */
                if ( vet[j] == vet[i] )
                    trovato = 1 ;
            }

75          if ( trovato==0 )
            {
                /* SE "trovato" E' UGUALE A 0, IL VALORE IN "vet[i]" E' CONSIDERATO
                PER LA PRIMA VOLTA. SI CALCOLANO LE OCCORRENZE DI "vet[i]" */

80              /* IL CICLO FOR SCANDISCE IL VETTORE "vet" E CONTA QUANTE VOLTE
                IL VALORE IN "vet[i]" E' PRESENTE NEL VETTORE "vet" */

                occorrenze = 0 ;
                for ( t=0; t<N; t++ )
85              {
                    if ( vet[t] == vet[i] )
                        occorrenze = occorrenze + 1 ;
                }

90              /* STAMPA DELLE OCCORRENZE */
                printf("Valore %d, occorrenze %d\n", vet[i], occorrenze) ;
            }
```

```
        }
        exit(0) ;
95  }
```

13.10 Esercizio 5.11 (Fusione di due vettori ordinati)

← 20

```
/* PROGRAMMAZIONE IN C */

/* File: fusione.c */
/* Soluzione proposta esercizio "Fusione di due vettori ordinati" */

#include <stdio.h>
#include <stdlib.h>

int main(void)
{
    const int MAXN = 20 ;             /* dimensione massima del vettore */

    int vet1[MAXN], vet2[MAXN] ;      /* vettori di interi */
    int N1, N2 ;                      /* dimensione dei vettori */

    int fusione[2*MAXN] ;             /* risultato fusione di vet1 e vet2 */
    int N_fusione ;                   /* dimensione del vettore "fusione" */

    int i, j, t ;                     /* indici dei cicli */

    /* LEGGI LE DIMENSIONI DEL PRIMO VETTORE */
    do
    {
        printf("Quanti numeri saranno inseriti nel primo vettore? ") ;
        scanf("%d", &N1) ;

        /* LA DIMENSIONE MASSIMA DEL VETTORE E' COMPRESA TRA 1 E MAXN */
        if ( N1 > MAXN || N1 <=0 )
            printf("Errore: il numero deve essere compreso tra 0 e %d\n",
                    MAXN) ;
    }
    while ( N1 > MAXN || N1 <= 0 ) ;

    /* LEGGI IL PRIMO VETTORE */
    printf("Inserisci il primo vettore di %d elementi\n", N1) ;
    for ( i=0; i< N1; i++ )
    {
        printf("Elemento %d: ", i+1) ;
        scanf("%d", &vet1[i]) ;
    }
    printf("\n") ;

    /* STAMPA DEL PRIMO VETTORE */
    printf("Stampa del primo vettore\n");
    for ( i=0; i< N1; i++ )
        printf("Elemento %d: %d\n", i+1, vet1[i]) ;
    printf("\n") ;

    /* LEGGI LE DIMENSIONI DEL SECONDO VETTORE */
    do
    {
        printf("Quanti numeri saranno inseriti nel secondo vettore? ") ;
        scanf("%d", &N2) ;

        /* LA DIMENSIONE MASSIMA DEL VETTORE E' COMPRESA TRA 1 E MAXN */
        if ( N2 > MAXN || N2 <=0 )
            printf("Errore: il numero deve essere compreso tra %d e 0\n", MAXN) ;
    }
    while ( N2 > MAXN || N2 <= 0 ) ;

    /* LEGGI IL SECONDO VETTORE */
```

```c
            printf("Inserisci il secondo vettore di %d elementi\n", N2) ;
            for ( i=0; i< N2; i++ )
65          {
                printf("Elemento %d: ", i+1) ;
                scanf("%d", &vet2[i]) ;
            }
            printf("\n") ;
70
            /* STAMPA DEL SECONDO VETTORE */
            printf("Stampa il secondo vettore\n");
            for ( i=0; i< N2; i++ )
                printf("Elemento %d: %d\n",i+1, vet2[i]) ;
75          printf("\n") ;

            /* AGGIORNA IL VETTORE "fusione" */

            /* IL VETTORE "fusione" HA DIMENSIONE PARI ALLA SOMMA DELLE
80          DIMENSIONI DI "vet1" E "vet2" */
            N_fusione = N1 + N2 ;

            /* I VETTORI "vet1", "vet2" E "fusione" SONO VISITATI RISPETTIVAMENTE
            CON GLI INDICI "j", "t", E "i" */
85          for ( i=0, j=0, t=0; i< N_fusione && j<N1 && t< N2; i++ )
            {
                if ( vet1[j] <= vet2[t] )
                {
                    /* GLI ELEMENTI DI "vet1" SONO ACCODATI NEL VETTORE "fusione" */
90                  /* SE "vet1[j]" E' MINORE O UGUALE DI "vet2[t]", ALLORA "vet1[j]"
                    E' COPIATO IN "fusione[i]" PER PRIMO. VIENE INCREMENTATO "j",
                    MENTRE "i" E' INCREMENTATO DAL CICLO FOR */
                    fusione[i] = vet1[j] ;
                    j = j + 1 ;
95              }
                else /* vet1[j] > vet2[t] */
                {
                    /* GLI ELEMENTI DI "vet2" SONO ACCODATI NEL VETTORE "fusione" */
                    /* SE "vet1[t]" E' MAGGIORE DI "vet2[j]", ALLORA "vet2[t]"
100                 E' COPIATO IN "fusione[i]" PER PRIMO. VIENE INCREMENTATO "t", MENTRE
                    "i" E' INCREMENTATO DAL CICLO FOR */
                    fusione[i] = vet2[t] ;
                    t = t + 1 ;
                }
105         }

            if ( i < N_fusione )
            {
                /* IL VETTORE "fusione" DEVE ESSERE ANCORA COMPLETATO INSERENDO
110             GLI ELEMENTI FINALI DI "vet1" O "vet2" */

                if ( j == N1 )
                {
                    /* TUTTI GLI ELEMENTI DI "vet1" SONO STATI COPIATI IN "fusione".
115                 "fusione" VIENE ORA COMPLETATO CON GLI ELEMENTI DI "vet2" NON ANCORA
                    CONSIDERATI */

                    for ( ; i< N_fusione; i++, t++ )
                        fusione[i] = vet2[t] ;
120             }
                else
                {
                    /* TUTTI GLI ELEMENTI DI "vet2" SONO STATI COPIATI IN "fusione".
                    "fusione" VIENE ORA CON GLI ELEMENTI DI "vet1" NON ANCORA
125                 CONSIDERATI */
                    for ( ; i< N_fusione; i++, j++ )
                        fusione[i] = vet1[j] ;
                }
            }
130
            /* STAMPA DEL VETTORE "fusione"*/
            printf("Il vettore risultante contiene contiene %d elementi\n", N_fusione);
```

```
        for ( i=0; i< N_fusione; i++ )
            printf("Elemento %d: %d\n",i+1,fusione[i]);
135     printf("\n");
        exit(0) ;
    }
```

Capitolo *14*

Soluzioni: Caratteri e stringhe

14.1 Esercizio 6.1 (Conta vocali e consonanti)

↶ 22

```c
/* PROGRAMMAZIONE IN C */

/* File: contavocaliconsonanti.c */
/* Soluzione proposta esercizio "Conta vocali e consonanti" */

#include <stdio.h>
#include <stdlib.h>
#include <string.h>

int main(void)
{
    const int MAXDIM = 100 ;        /* dimensione massima stringa di caratteri */
    const int NUMLETTERE = 26 ;     /* numero di lettere dell'alfabeto */

    char frase[MAXDIM +1] ;         /* stringa di caratteri inserita */
    int lung_stringa ;              /* lunghezza della stringa inserita */
    int vocali, consonanti ;        /* contatori numero di vocali e di consonanti */
    int contatori[NUMLETTERE];      /* memorizza il numero di occorrenze per
                                       ogni lettera */
    int posizione_alfabeto ;        /* posizione nell'alfabeto di una lettera */
    int i ;                         /* indice dei cicli */

    /* LEGGI LA FRASE INSERITA DA TASTIERA */
    printf ("Inserisci una frase di al massimo %d caratteri: ", MAXDIM) ;
    gets(frase) ;

    /* CALCOLA LA LUNGHEZZA DELLA FRASE */
    lung_stringa = strlen(frase) ;

    /* STAMPA LA FRASE INSERITA */
    printf("La frase inserita e': ") ;
    puts(frase) ;
    printf("La frase contiene %d caratteri (inclusi gli spazi)\n", lung_stringa) ;

    /* AZZERA IL VETTORE DEI CONTATORI. OGNI CELLA DI QUESTO VETTORE E'
       ASSOCIATA A UNA LETTERA DELL'ALFABETO. LA CELLA 0 ALLA LETTERA A,
       LA CELLA 1 ALLA B E COSI' VIA */

    for ( i=0; i<NUMLETTERE; i++ )
        contatori[i] = 0 ;

    /* ANALIZZA LA FRASE LETTERA PER LETTERA E AGGIORNA IL VETTORE DEI CONTATORI */
    for ( i=0; i<lung_stringa; i++ )
    {
        if ( frase[i] >= 'A' && frase[i] <= 'Z' )
        {
            /* IL CARATTERE ESAMINATO E' UNA LETTERA MAIUSCOLA POICHE'
```

CAPITOLO 14. SOLUZIONI: CARATTERI E STRINGHE

```
                 IL SUO CODICE ASCII E' COMPRESO TRA QUELLI DELLE LETTERE A E Z.
                 PER RICAVARE LA CELLA DEL VETTORE "contatori" DA INCREMENTARE
                 DEVI IDENTIFICARE LA POSIZIONE DELLA LETTERA NELL'ALFABETO.
                 POICHE' I CODICI ASCII DELLE LETTERE MAIUSCOLE SONO CONSECUTIVI,
                 BASTERA' SOTTRARRE AL CARATTERE ESAMINATO IL CODICE ASCII DELLA
                 PRIMA LETTERA DELL'ALFABETO ('A') */

                 posizione_alfabeto = frase[i] - 'A' ;
                 contatori[posizione_alfabeto] ++ ;
            }
            else
            {
                 if ( frase[i] >= 'a' && frase[i] <= 'z' )
                 {
                     /* IL CARATTERE ESAMINATO E' UNA LETTERA MINUSCOLA POICHE'
                     IL SUO CODICE ASCII E' COMPRESO TRA QUELLI DELLE LETTERE a E z.
                     PER RICAVARE LA CELLA DEL VETTORE "contatori" DA INCREMENTARE
                     DEVI IDENTIFICARE LA POSIZIONE DELLA LETTERA NELL'ALFABETO.
                     POICHE' I CODICI ASCII DELLE LETTERE MINUSCOLE SONO CONSECUTIVI,
                      BASTERA' SOTTRARRE AL CARATTERE ESAMINATO IL CODICE ASCII DELLA
                     PRIMA LETTERA DELL'ALFABETO ('a') */

                     posizione_alfabeto = frase[i] - 'a' ;
                     contatori[posizione_alfabeto] ++ ;
                 }
            }
        }

        /* STAMPA I CONTATORI DELLE VARIE LETTERE */
        for ( i=0; i<NUMLETTERE; i=i+1 )
            printf ("La lettera %c compare %d volte \n",
                    'A'+i , contatori[i]) ;

        /* CALCOLA IL NUMERO DI VOCALI */
        /* SOMMA IL NUMERO DI OCCORRENZE PRESENTI NEL VETTORE "contatori"
        NELLE CELLE ASSOCIATE ALLE LETTERE A, E, I, O, U, Y */
        vocali = contatori['A'-'A'] + contatori['E'-'A'] + contatori['I'-'A'] +
                  contatori['O'-'A'] + contatori['U'-'A'] + contatori['Y'-'A'] ;

        /* CALCOLA IL NUMERO DI CONSONANTI */
        /* IL NUMERO DI CONSONANTI SI OTTIENE SOTTRAENDO DAL NUMERO COMPLESSIVO
        DI OCCORRENZE DI TUTTE LE LETTERE, IL NUMERO COMPLESSIVO DI VOCALI */

        consonanti = 0 ;
        for ( i=0; i<NUMLETTERE; i=i+1 )
            consonanti = consonanti + contatori[i] ;

        consonanti = consonanti - vocali ;

        /* STAMPA IL NUMERO DI VOCALI E CONSONANTI */
        printf ("Il numero di vocali e': %d\n", vocali) ;
        printf ("Il numero di consonanti e': %d\n", consonanti) ;
        exit(0) ;
}
```

14.2 Esercizio 6.2 (Sostituisci carattere)

↩ 22

```
/* PROGRAMMAZIONE IN C */

/* File: sostituiscicarattere.c */
/* Soluzione proposta esercizio "Sostituisci carattere" */

#include <stdio.h>
#include <stdlib.h>
#include <string.h>

int main(void)
{
        const int MAXDIM = 100 ;               /* dimensione max stringa di caratteri */
```

CAPITOLO 14. SOLUZIONI: CARATTERI E STRINGHE

```
        char frase[MAXDIM + 1] ;              /* stringa di caratteri inserita */
        char frasemodificata[MAXDIM + 1] ;    /* nuova stringa modificata */
        int lung_stringa ;                    /* lunghezza della stringa inserita */
        int i ;                               /* indice dei cicli */

        /* LEGGI LA FRASE INSERITA DA TASTIERA */
        printf ("Inserisci una frase di al massimo %d caratteri: ", MAXDIM) ;
        gets(frase) ;

        /* CALCOLA LA LUNGHEZZA DELLA FRASE */
        lung_stringa = strlen(frase) ;

        /* STAMPA LA FRASE INSERITA */
        printf("La frase inserita e': ") ;
        puts(frase) ;
        printf("La frase contiene %d caratteri (inclusi gli spazi)\n", lung_stringa) ;

        /* ANALIZZA LA FRASE INSERITA CARATTERE PER CARATTERE. RICOPIA LA FRASE
        NELLA STRINGA "frase modificata". SE LA STRINGA INSERITA CONTIENE IL
        CARATTERE ".", SOSTITUISCILO CON IL CARATTERE DI RITORNO DI LINEA "\n" */
        for ( i=0; i<lung_stringa; i=i+1 )
        {
            if ( frase[i] == '.' )
                frasemodificata[i] = '\n' ;
            else
                frasemodificata[i] = frase[i] ;
        }
        frasemodificata[lung_stringa] = '\0' ;

        /* STAMPA LA FRASE MODIFICATA */
        printf("La frase modificata e': \n") ;
        puts(frasemodificata) ;
        exit(0) ;
    }
```

14.3 Esercizio 6.3 (Codifica di una parola)

← 22

```
    /* PROGRAMMAZIONE IN C */

    /* File: codificadiunaparola.c */
    /* Soluzione proposta esercizio "Codifica di una parola" */

    #include <stdio.h>
    #include <stdlib.h>
    #include <string.h>
    #include <ctype.h>

    int main(void)
    {
        const int MAXDIM = 100 ;              /* dimensione max stringa di caratteri */

        char frase[MAXDIM + 1] ;              /* stringa di caratteri inserita */
        char frasemodificata[2*MAXDIM + 1] ;  /* nuova stringa modificata */
        int lung_stringa ;                    /* lunghezza della stringa inserita */
        int i, j ;                            /* indici dei cicli */

        /* LEGGI LA FRASE INSERITA DA TASTIERA */
        printf ("Inserisci una frase di al massimo %d caratteri: ", MAXDIM) ;
        gets(frase) ;

        /* CALCOLA LA LUNGHEZZA DELLA FRASE */
        lung_stringa = strlen(frase) ;

        /* STAMPA LA FRASE INSERITA */
        printf("La frase inserita e': ") ;
        puts(frase) ;
        printf("La frase contiene %d caratteri (inclusi gli spazi)\n", lung_stringa) ;

        /* COSTRUISCI LA NUOVA FRASE */
        /* L'INDICE "i" E' USATO PER SCORRERE LA STRINGA "frase". L'INDICE "j" E'
```

CAPITOLO 14. SOLUZIONI: CARATTERI E STRINGHE

```
            USATO PER SCORRERE LA STRINGA "frasemodificata" */
35          for ( i=0, j=0; i<lung_stringa; i++ )
            {
                /* RICOPIA IL CARATTERE IN "frase[i]" nella cella "frasemodificata[j]" */
                /* INCREMENTA IL CONTATORE "j" PER ACCEDERE ALLA CELLA SUCCESSIVA
                   NELLA STRINGA "frasemodificata" */
40              frasemodificata[j] = frase[i] ;
                j = j + 1 ;

                /* SE "frase[i]" CONTIENE UNA VOCALE MINUSCOLA,
                   INSERISCI IL CARATTERE "f" NELLA CELLA "frasemodificata[j]" */
45              /* INCREMENTA IL CONTATORE "j" PER ACCEDERE ALLA CELLA SUCCESSIVA
                   NELLA STRINGA "frasemodificata" */
                if ( frase[i] == 'a' || frase[i] == 'e' || frase[i] == 'i'
                        || frase[i] == 'o' || frase[i] == 'u' )
                {
50                  frasemodificata[j] = 'f' ;
                    j = j + 1 ;
                }
                else
                {
55                  /* SE "frase[i]" CONTIENE UNA LETTERA VOCALE IN CARATTERE MAIUSCOLO,
                       INSERISCI IL CARATTERE "F" NELLA CELLA "frasemodificata[j]" */
                    /* INCREMENTA IL CONTATORE "j" PER ACCEDERE ALLA CELLA SUCCESSIVA
                       NELLA STRINGA "frasemodificata" */
                    if ( frase[i] == 'A' || frase[i] == 'E' || frase[i] == 'I'
60                          || frase[i] == 'O' || frase[i] == 'U' )
                    {
                        frasemodificata[j] = 'F' ;
                        j = j + 1 ;
                    }
65              }
            }
            frasemodificata[j] = '\0' ;

            /* STAMPA LA FRASE MODIFICATA */
70          printf("La frase modificata e': ") ;
            puts(frasemodificata) ;
            exit(0) ;
        }
```

14.4 Esercizio 6.4 (Primo carattere maiuscolo)

↶ 23

```
        /* PROGRAMMAZIONE IN C */

        /* File: primocarattememaiuscolo.c */
        /* Soluzione proposta esercizio "Primo carattere maiuscolo" */
5
        #include <stdio.h>
        #include <stdlib.h>
        #include <ctype.h>
        #include <string.h>
10
        int main(void)
        {
            const int MAXDIM = 100 ;        /* dimensione massima stringa di caratteri */

15          char frase[MAXDIM +1] ;         /* stringa di caratteri inserita */
            char nuovafrase[MAXDIM +1] ;    /* stringa di caratteri modificata */
            int lung_stringa ;              /* lunghezza della stringa inserita */
            int i ;                         /* indice dei cicli */

20          /* LEGGI LA FRASE INSERITA DA TASTIERA */
            printf ("Inserisci una frase di al massimo %d caratteri: ", MAXDIM) ;
            gets(frase) ;

            /* CALCOLA LA LUNGHEZZA DELLA FRASE */
25          lung_stringa = strlen(frase) ;

            /* STAMPA LA FRASE INSERITA */
```

```
            printf("La frase inserita e': ") ;
            puts(frase) ;
30          printf("La frase contiene %d caratteri (inclusi gli spazi)\n", lung_stringa) ;

            /* COSTRUISCI LA NUOVA FRASE */
            for ( i=0; i<lung_stringa; i++ )
            {
35              /* IL CARATTERE "frase[i]" E' LA PRIMA LETTERA DI UNA PAROLA SE IL
                   CARATTERE PRECEDENTE ("frase[i-1]") ERA UNO SPAZIO OPPURE SE E' IL PRIMO
                   CARATTERE DELLA FRASE (OSSIA i==0). IN QUESTO CASO IL CARATTERE "frase[i]"
                   E' CONVERTITO IN CARATTERE MAIUSCOLO. IN TUTTI GLI ALTRI CASI IL CARATTERE
                   "frase[i]" E' CONVERTITO IN CARATTERE MINUSCOLO */
40              if ( (i==0) || isspace(frase[i-1]) )
                    nuovafrase[i] = toupper(frase[i]) ;
                else
                    nuovafrase[i] = tolower(frase[i]) ;
            }
45          nuovafrase[lung_stringa] = '\0' ;

            /* STAMPA LA FRASE MODIFICATA */
            printf("La frase modificata e': ") ;
            puts(nuovafrase) ;
50          exit(0);
        }
```

14.5 Esercizio 6.5 (Conversione binario decimale)

```
    /* PROGRAMMAZIONE IN C */

    /* File: conversionebindec.c */
    /* Soluzione proposta esercizio "Conversione binario decimale" */
5
    #include <stdio.h>
    #include <stdlib.h>
    #include <string.h>

10  int main(void)
    {
        const int MAXDIM = 24 ;         /* dimensione massima stringa di caratteri */

        char binario[MAXDIM + 1] ;      /* stringa contenente il numero binario */
15
        int num_cifre ;                 /* numero di cifre nel numero binario */
        int decimale ;                  /* numero decimale risultante */
        int corretto ;                  /* flag per la ricerca */
        int i ;                         /* indice dei cicli */
20
        /* LEGGI IL NUMERO BINARIO */
        printf("Inserisci un numero binario puro di al massimo %d cifre: ", MAXDIM) ;
        gets(binario) ;

25      /* CALCOLA IL NUMERO DI CIFRE DEL NUMERO BINARIO */
        num_cifre = strlen(binario) ;

        /* VISUALIZZA IL NUMERO INSERITO */
        printf("Il numero binario inserito e' %s e contiene %d cifre\n",
30              binario, num_cifre);

        /* VERIFICA SE IL NUMERO INSERITO CONTIENE SOLO CARATTERI 0 E 1 */
        /* IL NUMERO BINARIO NON E' CORRETTO SE CONTIENE ALMENO UNA CIFRA DIVERSA
           SIA DA 0 CHE DA 1 */
35      corretto = 1 ;
        for ( i=0 ; i<num_cifre; i++ )
            if ( binario[i]!='0' && binario[i]!='1' )
                corretto = 0 ;

40      if ( corretto == 0 )
            printf("Il numero binario inserito non e' valido\n") ;
        else
        {
```

CAPITOLO 14. SOLUZIONI: CARATTERI E STRINGHE

```c
        /* CONVERTI IL NUMERO BINARIO NEL NUMERO DECIMALE CORRISPONDENTE */
        decimale = 0 ;
        for ( i=0; i<num_cifre; i++)
        {
            if ( binario[i] == '1' )
                decimale = 2*decimale + 1 ;
            else
                decimale = 2*decimale ;
        }

        /* STAMPA IL RISULTATO */
        printf("Il valore decimale e': %d\n", decimale) ;
    }
    exit(0) ;
}
```

14.6 Esercizio 6.6 (Parola palindroma)

← 23

```c
/* PROGRAMMAZIONE IN C */

/* File: palindroma.c */
/* Soluzione proposta esercizio "Parola palindroma" */

#include <stdio.h>
#include <stdlib.h>
#include <ctype.h>
#include <string.h>

int main(void)
{
    const int MAXDIM = 30 ;     /* dimensione massima stringa di caratteri */

    char parola[MAXDIM+1] ;     /* stringa di caratteri inserita */
    int numcaratteri ;          /* numero di caratteri della stringa inserita */
    int palindroma ;            /* flag per la ricerca */
    int i, j ;                  /* indici dei cicli */

    /* LEGGI LA STRINGA DI CARATTERI INSERITA DA TASTIERA */
    printf("Inserisci una parola di al massimo %d caratteri: ", MAXDIM) ;
    scanf("%s", parola) ;

    /* VISUALIZZA LA STRINGA DI CARATTERI INSERITA */
    printf("La parola inserita e': %s \n", parola) ;

    /* LEGGI IL NUMERO DI CARATTERI DELLA STRINGA */
    numcaratteri = strlen(parola) ;
    printf("La parola contiene %d caratteri\n", numcaratteri) ;

    /* CONVERTI TUTTI I CARATTERI DELLA STRINGA IN CARATTERI MINUSCOLI */
    for ( i=0; i < numcaratteri ; i++ )
        parola[i] = tolower(parola[i]) ;

    /* VISUALIZZA LA STRINGA DI CARATTERI DOPO LA CONVERSIONE */
    printf("La parola inserita scritta solo con caratteri in minuscolo e': %s\n",
            parola) ;

    /* VERIFICA SE LA STRINGA "parola" E' PALINDROMA */

    /* INIZIALIZZA IL FLAG "palindroma". IL FLAG ASSUME I VALORI
    -- "palindroma" E' UGUALE A 1 SE "parola"  E' PALINDROMA
    -- "palindroma" E' UGUALE A 0 SE "parola"  NON E' PALINDROMA
    */
    palindroma = 1 ;

    /* IL CICLO FOR SCANDISCE LA STRINGA DI CARATTERI "parola" E VERIFICA
    SE E' PALINDROMA L'INDICE "i" SCORRE LA PRIMA META' DI "parola". L'INDICE
    "j" SCORRE LA SECONDA META' DI "parola" PARTENDO DALL'ULTIMO CARATTERE.
    LA RICERCA TERMINA QUANDO SI TROVA SI VERIFICA CHE LA STRINGA "parola"
    NON E' PALINDROMA O QUANDO SONO STATI CONSIDERATI TUTTI I CARATTERI
```

```
                DI "parola" */

55      for ( i=0, j=numcaratteri - 1 ;
              i< numcaratteri/2 && palindroma==1;
              i++, j-- )
        {
            if ( parola[i] != parola[j] )
60              palindroma = 0 ;
        }

        /* STAMPA DEL RISULTATO */
        if ( palindroma == 1 )
65          printf("La parola e' palindroma\n") ;
        else
            printf("La parola non e' palindroma\n") ;

        exit(0) ;
70  }
```

14.7 Esercizio 6.8 (Ricerca sottostringa)

← 23

Prima soluzione

```
    /* PROGRAMMAZIONE IN C */

    /* File: ricercasottostringa_v1.c */
    /* Soluzione proposta esercizio "Ricerca sottostringa" */
5
    #include <stdio.h>
    #include <stdlib.h>
    #include <string.h>

10  int main(void)
    {
        const int MAXDIM = 30 ;         /* dimensione max stringa di caratteri */

        char parola1[MAXDIM + 1] ;      /* prima stringa di caratteri */
15      char parola2[MAXDIM + 1] ;      /* seconda stringa di caratteri */
        int lung_stringa1, lung_stringa2 ; /* lunghezza delle due stringhe */

        /* LEGGI LA PRIMA PAROLA INSERITA DA TASTIERA */
        printf ("Inserisci una parola di al massimo %d caratteri: ", MAXDIM) ;
20      gets(parola1) ;

        /* CALCOLA LA LUNGHEZZA DELLA PAROLA */
        lung_stringa1 = strlen(parola1) ;

25      /* STAMPA LA PAROLA INSERITA */
        printf("La parola %s contiene %d lettere\n", parola1, lung_stringa1) ;

        /* LEGGI LA SECONDA PAROLA INSERITA DA TASTIERA */
        printf ("Inserisci una parola di al massimo %d caratteri: ", MAXDIM) ;
30      gets(parola2) ;

        /* CALCOLA LA LUNGHEZZA DELLA PAROLA */
        lung_stringa2 = strlen(parola2) ;

35      /* STAMPA LA PAROLA INSERITA */
        printf("La parola %s contiene %d lettere\n", parola2, lung_stringa2) ;

        /* VERIFICA SE "parola2" E' CONTENUTA IN "parola1" */
        if ( lung_stringa1 < lung_stringa2 )
40          printf("La seconda parola e' piu' lunga della prima parola.\n") ;
        else
        {
            if ( strstr(parola1, parola2) != NULL )
                printf("La seconda parola e' contenuta nella prima.\n") ;
45          else
                printf("La seconda parola non e' contenuta nella prima.\n") ;
```

CAPITOLO 14. SOLUZIONI: CARATTERI E STRINGHE

```
        }
        exit(0) ;
}
```

Soluzione alternativa

```c
/* PROGRAMMAZIONE IN C */

/* File: ricercasottostringa_v2.c */
/* Soluzione proposta esercizio "Ricerca sottostringa" */

#include <stdio.h>
#include <stdlib.h>
#include <string.h>

int main(void)
{
    const int MAXDIM = 30 ;           /* dimensione massima stringa di caratteri */

    char parola1[MAXDIM + 1] ;         /* prima stringa di caratteri inserita */
    char parola2[MAXDIM + 1] ;         /* seconda stringa di caratteri inserita */
    int lung_stringa1, lung_stringa2 ; /* lunghezza delle due stringhe inserite */

    int contenuto, finito ;            /* flag per la ricerca */
    int i, j ;                         /* indici dei cicli */

    /* LEGGI LA PRIMA PAROLA INSERITA DA TASTIERA */
    printf ("Inserisci una parola di al massimo %d caratteri: ", MAXDIM) ;
    gets(parola1) ;

    /* CALCOLA LA LUNGHEZZA DELLA PAROLA */
    lung_stringa1 = strlen(parola1) ;

    /* STAMPA LA PAROLA INSERITA */
    printf("La parola %s contiene %d lettere\n", parola1, lung_stringa1) ;

    /* LEGGI LA SECONDA PAROLA INSERITA DA TASTIERA */
    printf ("Inserisci una parola di al massimo %d caratteri: ", MAXDIM) ;
    gets(parola2) ;

    /* CALCOLA LA LUNGHEZZA DELLA PAROLA */
    lung_stringa2 = strlen(parola2) ;

    /* STAMPA LA PAROLA INSERITA */
    printf("La parola %s contiene %d lettere\n", parola2, lung_stringa2) ;

    /* VERIFICA SE "parola2" E' CONTENUTA IN "parola1" */
    if ( lung_stringa1 < lung_stringa2 )
        printf("La seconda parola e' piu' lunga della prima parola.\n") ;
    else
    {
        /* IL CICLO FOR ESTERNO SCORRE LA STRINGA "parola1".
           PER OGNI CARATTERE "parola1[i]" IL CICLO FOR INTERNO ANALIZZA LA
           LA SOTTOSTRINGA CONTENENTE I CARATTERI COMPRESI TRA "parola1[i]"
           E "parola1[i+lung_stringa2-1]", E VERIFICA SE TALE SOTTOSTRINGA
           E' UGUALE A "parola2" */

        /* IL FLAG "finito==1" INDICA LA CONDIZIONE DI FINE RICERCA.
           IL FLAG E' INIZIALIZZATO A 0 E VIENE ASSEGNATO A 1 SE "parola2" E'
           CONTENUTA IN "parola1" */
        finito = 0 ;
        for ( i=0; i+(lung_stringa2-1)<lung_stringa1 && finito==0; i++ )
        {
            /* "j" E' L'INDICE DEL CICLO FOR INTERNO. VIENE UTILIZZATO PER
               SCORRERE I CARATTERI DELLA SOTTOSTRINGA "parola2" E DELLA
               SOTTOSTRINGA CONTENENTE I CARATTERI COMPRESI TRA "parola1[i]"
               E "parola1[i+lung_stringa2-1]" */

            /* IL FLAG "contenuto==1" INDICA CHE LE DUE SOTTOSTRINGHE SONO
               UGUALI. IL FLAG E' INIZIALIZZATO A 1 E VIENE ASSEGNATO A 0 SE
```

```
                    ALMENO UN CARATTERE "parola1[i+j]" NELLA SOTTOSTRINGA E' DIVERSO
65                  DAL CORRISPONDENTE CARATTERE "parola2[j]" */
                    contenuto = 1 ;
                    for ( j=0; j<lung_stringa2 && contenuto==1; j++ )
                    {
70                      if ( parola1[i+j] != parola2[j] )
                            contenuto = 0 ;
                    }

                    /* SE AL TERMINE DEL CONFRONTO TRA LE DUE STRINGHE "contenuto" E'
75                  ANCORA UGUALE A 1, ALLORA "parola2" E' CONTENUTA IN "parola1".
                    IL FLAG "finito" VIENE AGGIORNATO, E SI CONCLUDE LA RICERCA */
                    if ( contenuto==1 )
                        finito = 1 ;
                }
80          }

            /* STAMPA IL RISULTATO */
            if ( contenuto == 1 )
                printf("La seconda parola e' contenuta nella prima \n") ;
85          else
                printf("La seconda parola non e' contenuta nella prima \n") ;

            exit(0) ;
        }
```

14.8 Esercizio 6.10 (Sostituisci sottostringa)

↩ 24

```
        /* PROGRAMMAZIONE IN C */

        /* File: sostituiscisottostringa.c */
        /* Soluzione proposta esercizio "Sostituisci sottostringa" */
5
        #include <stdio.h>
        #include <stdlib.h>
        #include <string.h>

10      int main(void)
        {
            const int MAXDIM = 30 ;         /* dimensione max stringa di caratteri */

            char parola1[MAXDIM + 1] ;      /* prima stringa di caratteri inserita */
15          char parola2[MAXDIM + 1] ;      /* seconda stringa di caratteri inserita */
            int lung_stringa1, lung_stringa2 ; /* lunghezza delle due stringhe inserite */

            int contenuto ;                 /* flag per la ricerca */
            int i, j ;                      /* indici dei cicli */
20

            /* LEGGI LA PRIMA PAROLA INSERITA DA TASTIERA */
            printf ("Inserisci una parola di al massimo %d caratteri: ", MAXDIM) ;
            gets(parola1) ;
25
            /* CALCOLA LA LUNGHEZZA DELLA PAROLA */
            lung_stringa1 = strlen(parola1) ;

            /* STAMPA LA PAROLA INSERITA */
30          printf("La parola %s contiene %d lettere\n", parola1, lung_stringa1) ;


            /* LEGGI LA SECONDA PAROLA INSERITA DA TASTIERA */
            printf ("Inserisci una parola di al massimo %d caratteri: ", MAXDIM) ;
35          gets(parola2) ;

            /* CALCOLA LA LUNGHEZZA DELLA PAROLA */
            lung_stringa2 = strlen(parola2) ;

40          /* STAMPA LA PAROLA INSERITA */
            printf("La parola %s contiene %d lettere\n", parola2, lung_stringa2) ;
```

```
        /* VERIFICA SE "parola2" E' CONTENUTA IN "parola1" */
45      if ( lung_stringa1 < lung_stringa2 )
            printf("La seconda parola e' piu' lunga della prima parola \n") ;
        else
        {
            /* IL CICLO FOR ESTERNO SCORRE LA STRINGA "parola1".
50          PER OGNI CARATTERE "parola1[i]" IL CICLO FOR INTERNO ANALIZZA LA
            LA SOTTOSTRINGA CONTENENTE I CARATTERI COMPRESI TRA "parola1[i]"
            E "parola1[i+lung_stringa2-1]", E VERIFICA SE TALE SOTTOSTRINGA
            E' UGUALE A "parola2" */

55          for ( i=0; i+(lung_stringa2-1)<lung_stringa1; i++ )
            {
                /* "j" E' L'INDICE DEL CICLO FOR INTERNO. VIENE UTILIZZATO PER
                SCORRERE I CARATTERI DELLA SOTTOSTRINGA "parola2" E DELLA
                SOTTOSTRINGA CONTENENTE I CARATTERI COMPRESI TRA "parola1[i]" E
60              "parola1[i+lung_stringa2-1]" */

                /* IL FLAG "contenuto==1" INDICA CHE LE DUE SOTTOSTRINGHE SONO
                UGUALI.
                IL FLAG E' INIZIALIZZATO A 1 E VIENE ASSEGNATO A 0 SE ALMENO UN
65              CARATTERE "parola1[i+j]" NELLA SOTTOSTRINGA E' DIVERSO DAL
                CORRISPONDENTE CARATTERE "parola2[j]" */
                contenuto = 1 ;
                for ( j=0; j<lung_stringa2 && contenuto==1; j++ )
                {
70                  if ( parola1[i+j] != parola2[j] )
                        contenuto = 0 ;
                }

                /* SE AL TERMINE DEL CONFRONTO TRA LE DUE STRINGHE "contenuto" E'
75              ANCORA UGUALE A 1, ALLORA "parola2" E' CONTENUTA IN "parola1".
                SOSTITUISCI ALLORA TUTTI I CARATTERI COMPRESI TRA "parola1[i]"
                E "parola1[i+lung_stringa2-1]" CON IL CARATTERE '*' */
                if ( contenuto==1 )
                {
80                  for ( j=0; j<lung_stringa2; j++ )
                        parola1[i+j] = '*' ;

                    /*PER OTTIMIZZARE LA RICERCA SALTA NELLA STRINGA "parola1"
                    LA SOTTOSEQUENZA DI ASTERISCHI APPENA INSERITA */
85                  i = i + lung_stringa2 - 1 ;
                }
            }
        }

90      /* STAMPA IL RISULTATO */
        printf("La parola risultante e' %s \n", parola1) ;

        exit(0) ;
}
```

Capitolo *15*

Soluzioni: Matrici – Vettori di stringhe

15.1 Esercizio 7.3 (Concorso di intelligenza)

↩ 25

```
/* PROGRAMMAZIONE IN C */

/* File: concorso_intelligenza.c */
/* Soluzione proposta esercizio "Concorso di intelligenza" */

#include <stdio.h>
#include <stdlib.h>

#define MAXK 100 /* max n. candidati */
#define MAXN 10  /* max n. giudici */

int main(void)
{
    int voti[MAXK][MAXN] ;
    int tot[MAXK] ; /* somma dei voti per ogni candidato */
    int totg[MAXN] ; /* somma dei voti di ogni giudice */
    int K, N ;
    int i, j ;
    int min, max, posmin, posmax ;

    printf("Quanti candidati ci sono? ");
    scanf("%d", &K) ;

    printf("Quanti giudici ci sono? ");
    scanf("%d", &N) ;

    for (i=0; i<K; i++)
    {
        printf("Immettere i giudizi per il candidato %d\n", i+1);

        for (j=0; j<N; j++)
        {
            printf("Giudice %d, cosa pensi del candidato %d? ",
                j+1, i+1 );
            scanf("%d", & voti[i][j] ) ;
        }
    }

    for (i=0; i<K; i++) tot[i]=0 ;
    for (j=0; j<N; j++) totg[j]=0 ;

    for (i=0; i<K; i++)
    {
        /* già fatto tot[i] = 0 ; */
        for (j=0; j<N; j++)
        {
            tot[i] = tot[i] + voti[i][j] ;
            totg[j] = totg[j] + voti[i][j] ;
```

```
            }
 50     }

        max = tot[0] ;
        posmax = 0 ;
        for (i=1; i<K; i++)
 55     {
            if (tot[i]>max)
            {
                max = tot[i];
                posmax = i ;
 60         }
        }

        printf("Il_vincitore_e'_il_candidato_numero_%d\n", posmax+1);

 65     min = totg[0] ;
        posmin = 0 ;
        for (i=1; i<N; i++)
        {
            if (totg[i]<min)
 70         {
                min = totg[i];
                posmin = i ;
            }
        }
 75
        printf("Il_giudice_piu'_severo_e'_il_numero_%d\n", posmin+1);
        exit(0) ;
    }
```

15.2 Esercizio 7.5 (Statistiche testo)

← 25

```
    /* PROGRAMMAZIONE IN C */

    /* File: statistiche.c */
    /* Soluzione proposta esercizio "Statistiche testo" */
  5
    #include <stdio.h>
    #include <stdlib.h>
    #include <string.h>
    #include <ctype.h>
 10
    int main(void)
    {
        const int MAX = 1000 ;
        const int LUN = 100 ;
 15
        char testo[MAX][LUN+1] ;
        int N ; /* righe inserite */
        int ncar, nalfa, npar ;
        int end ;
 20
        char riga[300] ;
        int i,j ;

        N = 0 ;
 25     end = 0 ;
        do
        {
            printf("Testo:_") ;
            gets(riga) ;
 30
            if ( strlen(riga) > LUN )
                printf("Errore:_riga_troppo_lunga_(max_%d_caratteri)\n", LUN) ;
            else if ( strcmp( riga, "FINE" )==0 )
                end = 1 ;
 35         else
            {
                strcpy( testo[N], riga ) ;
```

```
                N++ ;
            }
        }
        while (end==0 && N<MAX) ;

        printf("L'utente ha inserito %d righe\n", N) ;

        ncar = 0 ;
        for (i=0; i<N; i++)
            ncar = ncar + strlen( testo[i] ) ;

        printf("L'utente ha inserito %d caratteri\n", ncar) ;

        nalfa = 0 ;
        for (i=0; i<N; i++)
        {
            for (j=0; testo[i][j]!=0; j++)
            {
                if ( isalnum( testo[i][j] ) )
                    nalfa++ ;
            }
        }

        printf("L'utente ha inserito %d caratteri alfanumerici\n", nalfa) ;

        npar = 0 ;
        for (i=0; i<N; i++)
        {
            for (j=0; testo[i][j]!=0; j++)
            {
                /* verifico se [i][j] è il carattere
                   iniziale di una parola */
                if ( isalpha(testo[i][j]) &&
                        ((j==0)|| !isalpha(testo[i][j-1])) )
                {
                    npar++ ;
                }
            }
        }

        printf("L'utente ha inserito %d parole\n", npar) ;
        exit(0) ;
}
```

15.3 Esercizio 7.6 (Rubrica telefonica)

← 26

```
/* PROGRAMMAZIONE IN C */

/* File: rubrica.c */
/* Soluzione proposta esercizio "Rubrica telefonica" */

#include <stdio.h>
#include <stdlib.h>
#include <string.h>

int main(void)
{
    const int MAX = 100 ; /* numero max di voci */
    const int LUNN = 40 ; /* lunghezza del nome */
    const int LUNT = 20 ; /* lunghezza n. telefono */

    char nome[MAX][LUNN+1] ;
    char tel[MAX][LUNT+1] ;

    int N ; /* numero di voci memorizzate */

    int comando ; /* comando dell'utente 0-4 */

    char riga[200] ;
    char sn[LUNN+1] ;
```

```
25          char st[LUNT+1] ;
            int i, duplicato, trovato, pos ;

            /* INIZIALIZZAZIONI */

30          N = 0 ;

            do
            {
                /* STAMPA DEL MENU */
35              puts("1)_Aggiungi_nuova_voce_in_rubrica") ;
                puts("2)_Ricerca_esatta_per_nome") ;
                puts("3)_Ricerca_approssimata_per_nome") ;
                puts("4)_Stampa_completa_rubrica") ;
                puts("0)_Esci_dal_programma") ;
40
                /* LETTURA DEL COMANDO */
                printf("Inserisci_il_comando:_") ;
                gets(riga) ;
                comando = atoi( riga ) ;
45
                /* ESECUZIONE DEL COMANDO */
                switch ( comando )
                {
                case 1:
50                  /* Acquisisci i dati */
                    printf("Inserisci_il_nome_da_aggiungere:_") ;
                    gets(sn) ;
                    printf("Inserisci_il_numero_di_telefono_corrispondente:_") ;
                    gets(st) ;
55
                    /* Verifica se i dati sono validi */
                    if ( N == MAX )
                    {
                        puts("ERRORE:_rubrica_piena") ;
60                      break ;
                    }

                    duplicato = 0 ;
                    for ( i = 0 ; i < N ; i++ )
65                      if ( strcmp(sn, nome[i]) == 0 )
                            duplicato = 1 ;

                    if ( duplicato == 1 )
                    {
70                      puts("ERRORE:_nome_duplicato") ;
                        break ;
                    }

                    /* Aggiungi il nome in rubrica */
75                  strcpy( nome[N], sn ) ;
                    strcpy( tel[N], st ) ;
                    N++ ;

                    break ;
80
                case 2: /* ricerca esatta */
                    printf("Inserisci_il_nome_da_ricercare:_") ;
                    gets(sn) ;

85                  trovato = 0 ;
                    for ( i = 0 ; i < N && trovato == 0 ; i++ )
                    {
                        if ( strcmp( sn, nome[i] ) == 0 )
                        {
90                          trovato = 1 ;
                            pos = i ;
                        }
                    }
```

```
                    if ( trovato == 1 )
95
                    {
                        printf("Il telefono di %s e': %s\n",
                            sn, tel[pos] ) ;
                    }
100                 else
                    {
                        printf("Nessun %s e' presente in rubrica\n", sn) ;
                    }

105                 break ;

                case 3: /* ricerca approssimata */
                    printf("Inserisci una parte del nome da ricercare: ") ;
                    gets(sn) ;
110
                    trovato = 0 ;
                    for ( i = 0 ; i < N ; i++ )
                    {
                        if ( strstr( nome[i], sn ) != NULL )
115                     {
                            printf("%s: %s\n", nome[i], tel[i]) ;
                            trovato = 1 ;
                        }
                    }
120
                    if (trovato==0)
                        printf("Non trovato...\n") ;
                    break ;

125             case 4:
                    printf("CONTENUTO DELLA RUBRICA (%d VOCI)\n", N) ;

                    for ( i = 0 ; i < N ; i++ )
                        printf("%s: %s\n", nome[i], tel[i] ) ;
130                 break ;

                case 0:
                    puts("Arrivederci") ;
                    break ;
135
                default:
                    printf("ERRORE NEL PROGRAMMA (comando=%d)\n", comando) ;
                }

140     }
        while ( comando != 0 ) ;

        exit(0) ;
    }
```

15.4 Esercizio 7.11 (Gestione magazzino)

← 27

```
    /* PROGRAMMAZIONE IN C */

    /* File: magazzino.c */
    /* Soluzione proposta esercizio "Gestione magazzino" */
5
    #include <stdio.h>
    #include <stdlib.h>
    #include <string.h>

10  #define MAX 100
    #define LUN 30

    int main(void)
    {
15      char prodotti[MAX][LUN] ;
        char prod[LUN] ;
        int quantita[MAX] ;
```

```
            int qta ;
            char dir ;
20          int i ;
            int trovato ;
            int N ; /* dimensione dei vettori prodotti[] e quantita[] */

            N = 0 ;
25
            do
            {
                /* acquisisci un comando dall'utente */

30              /* NOTA: non si può usare il costrutto
                    scanf("%s %c %d", prod, &dir, &qta) ;
                   in quanto non funziona per l'ultima riga (FINE) */

                printf("Comando: ") ;
35              scanf("%s", prod) ;

                if ( strcmp(prod, "FINE") != 0 )
                {
                    scanf(" %c %d", &dir, &qta) ;
40
                    if ( dir=='E' ) /* entrata */
                    {
                        /* trova la posizione del prodotto nel vettore prodotti[] */
                        trovato = -1 ;
45                      for (i=0; i<N; i++)
                        {
                            if ( strcmp(prodotti[i], prod) == 0 )
                                trovato = i ;
                        }
50
                        if ( trovato != -1 ) /* prodotto esiste già */
                        {
                            /* incrementa la posizione corrispondente del vettore
                                quantita[] */
55                          quantita[trovato] = quantita[trovato] + qta ;
                        }
                        else /* prodotto nuovo */
                        {
                            /* aggiungi il prodotto al magazzino in posizione nuova */
60                          strcpy(prodotti[N], prod) ;
                            quantita[N] = qta ;

                            N++ ;
                        }
65                  }
                    else /* uscita */
                    {
                        /* trova la posizione del prodotto nel vettore prodotti[] */
                        trovato = -1 ;
70                      for (i=0; i<N; i++)
                        {
                            if ( strcmp(prodotti[i], prod) == 0 )
                                trovato = i ;
                        }
75
                        if ( trovato == -1 )
                        {
                            printf("Prodotto %s non trovato in magazzino\n", prod);
                        }
80                      else
                        {
                            /* decrementa la posizione corrispondente del vettore
                                quantita[] */
                            quantita[trovato] = quantita[trovato] - qta ;
85                      }
                    }
                }
```

```
            }
90      while ( strcmp(prod, "FINE") != 0 ) ;

        for (i=0; i<N; i++)
        {
            printf("%s %d\n", prodotti[i], quantita[i]) ;
95      }

        exit(0) ;
    }
```

Capitolo 16

Soluzioni: Funzioni

16.1 Esercizio 8.1 (Calcolo fattoriale)

← 29

```
double fatt( int n )
{
    double val ;

    if ( n < 0 )
        return (-1) ; /* errore! */

    if ( n == 0 || n == 1 )
        return 1 ;

    val = 1.0 ;
    for ( i = 2; i <= n; i++ )
        val = val * i ;

    return val ;
}
```

16.2 Esercizio 8.2 (Funzione di ricerca di un elemento in vettore)

← 29

```
int cerca( int v[], int N, int x )
{
    int pos, i ;

    pos = -1 ;

    for ( i = 0 ; (i < N) && (pos == -1) ; i++ )
        if ( v[i] == x )
            pos = i ;

    return pos ;
}
```

16.3 Esercizio 8.3 (Confronto stringhe)

← 29

```
int iniziali( char a[], char b[] )
{
    int n ;

    n = 0 ;

    while ( a[n] != 0 && b[n] != 0 && a[n]==b[n] )
        n++ ;

    return n ;
}
```

16.4 Esercizio 8.4 (Tutto in maiuscolo)

← 30

```
#include <ctype.h>

void alltoupper( char s[] )
{
    int i ;

    for ( i=0; s[i]!=0; i++ )
    {
        s[i] = toupper( s[i] ) ;
    }
}
```

Capitolo 17

Soluzioni: I/O avanzato e File

17.1 Esercizio 9.1 (Minuti lavorati)

← 31

```c
/* PROGRAMMAZIONE IN C */

/* File: orario.c */
/* Soluzione proposta esercizio "Minuti lavorati" */

#include <stdio.h>
#include <stdlib.h>
#include <string.h>

int main( int argc, char *argv[] )
{
    const int MAX = 100 ;
    const int NUMDIP = 1000 ;
    const int LUNMAT = 10 ;
    FILE * f ;

    int min, max, tempo, passaggi, r ;
    int ore, minuti ;
    char riga[MAX+1] ;
    char matricola[LUNMAT+1];

    char nomi[NUMDIP][LUNMAT+1] ;
    int N, i, presente ;

    /* controllo parametri:
       argv[1] -> nome del file
       argv[2] -> matricola dipendente (opzionale)
    */
    if ( argc != 2 && argc != 3 )
    {
        printf("ERRORE: numero di parametri errato\n") ;
        exit(1) ;
    }

    /* apertura del file */
    f = fopen(argv[1], "r") ;
    if ( f==NULL )
    {
        printf("ERRORE: impossibile aprire il file %s\n", argv[1]) ;
        exit(1) ;
    }

    if ( argc == 2 )
    {
        /* CALCOLO DEL NUMERO DI DIPENDENTI DIVERSI */
        N = 0 ;

        while ( fgets( riga,MAX, f) != NULL )
```

```
            {
50              r = sscanf( riga, "%*d %*d %s", matricola ) ;
                /* NOTA: gli asterischi nella stringa di formato della sscanf
                (come %*d) servono per far leggere il dato corrispondente
                ma non memorizzarlo in alcuna variabile.
                In effetti qui i primi due campi numerici non ci servono */
55
                if ( r != 1 )
                {
                    printf("Riga in formato errato - ignorata\n") ;
                }
60              else
                {
                    /* Cerca se 'matricola' è già presente */
                    presente = 0 ;
                    for (i=0; i<N && presente==0; i++)
65                      if (strcmp(matricola, nomi[i])==0)
                            presente=1;

                    /* Se è nuovo, aggiungilo */
                    if ( presente==0 )
70                  {
                        strcpy( nomi[N], matricola ) ;
                        N++ ;
                    }
                }
75          }
            fclose(f) ;

            printf("Ci sono %d dipendenti diversi\n", N) ;
        }
80      else
        {
            /* CALCOLO DEL TEMPO LAVORATO DAL DIPENDENTE LA CUI
            MATRICOLA È argv[2] */
            max = 0 ;
85          min = 24*60 ;

            passaggi = 0 ;

            while ( fgets( riga, MAX, f ) != NULL )
90          {
                r = sscanf( riga, "%d %d %s", &ore, &minuti, matricola ) ;
                if ( r != 3 )
                {
                    printf("Riga in formato errato - ignorata\n") ;
95              }
                else
                {
                    tempo = ore * 60 + minuti ;

100                 if ( strcmp( matricola, argv[2] ) == 0 )
                    {
                        if ( tempo<min )
                            min = tempo ;
                        if ( tempo>max )
105                         max = tempo ;
                        passaggi ++ ;
                    }
                }
            }
110         fclose(f) ;

            if ( passaggi>=2 )
                printf("Il dipendente di matricola %s ha lavorato per %d minuti\n",
                        argv[2], max-min ) ;
115         else
                printf("ERRORE: Il dipendente %s ha fatto solo %d passaggi\n",
                        argv[2], passaggi) ;
        }
```

CAPITOLO 17. SOLUZIONI: I/O AVANZATO E FILE

```
120         exit(0);
    }
```

17.2 Esercizio 9.2 (Cartoline)

← 31

```
    /* PROGRAMMAZIONE IN C */

    /* File: cartoline.c */
    /* Soluzione proposta esercizio "Cartoline" */
5
    #include <stdio.h>
    #include <stdlib.h>
    #include <string.h>

10  int main( int argc, char *argv[] )
    {
        const int MAX = 100 ;
        const int LUN = 30 ;

15      FILE *f ;
        char riga[MAX+1] ;
        char mitt[LUN+1], dest[LUN+1], luogo[LUN+1] ;
        int r, esiste ;

20      /* Controlla i parametri sulla linea di comando */
        if ( argc==4 && strcmp(argv[2], "find")==0 )
        {
            /* comando 'find' */
            /* cerca all'interno del file se esiste un amico 'destinatario'
25              uguale ad argv[3] */
            f = fopen( argv[1], "r" ) ;
            if ( f==NULL )
            {
                printf("ERRORE: impossibile aprire file %s\n", argv[1]) ;
30              exit(1) ;
            }

            printf("Cartoline ricevute da %s:\n", argv[3]) ;

35          while ( fgets( riga, MAX, f ) != NULL )
            {
                r = sscanf( riga, "%s %s %s", mitt, dest, luogo ) ;

                if ( r==3 )
40              {
                    /* controlla se l'amico è quello giusto */
                    if ( strcmp(dest, argv[3])==0 )
                    {
                        printf("   %s da %s\n", mitt, luogo) ;
45                  }
                }
                else
                    printf("Riga in formato errato - ignorata\n") ;
            }
50
            fclose(f) ;

        }
        else if ( argc==6 && strcmp(argv[2], "new")==0 )
55      {
            /* comando 'new' */

            /* controlla se esiste già una cartolina con
                mittente == argv[3]
60              destinatario == argv[4]
                luogo == argv[5]
            */
            esiste = 0 ;
```

CAPITOLO 17. SOLUZIONI: I/O AVANZATO E FILE

```
65             f = fopen( argv[1], "r" ) ;
               if ( f==NULL )
               {
                   printf("ERRORE: impossibile aprire file %s\n", argv[1]) ;
                   exit(1) ;
70             }

               while ( fgets( riga, MAX, f ) != NULL )
               {
                   r = sscanf( riga, "%s %s %s", mitt, dest, luogo ) ;
75
                   if ( r==3 )
                   {
                       /* controlla se la cartolina è duplicata */
                       if ( strcmp(mitt, argv[3])==0 &&
80                          strcmp(dest, argv[4])==0 &&
                            strcmp(luogo, argv[5])==0    )
                       {
                           esiste = 1;
                           printf("Attenzione: cartolina già esistente\n") ;
85                     }
                   }
                   else
                       printf("Riga in formato errato - ignorata\n") ;
               }
90
               fclose(f) ;

               /* se non esiste ancora, aggiunge una nuova riga al file */
               if ( esiste==0 )
95             {
                   /* aggiungi una riga */
                   f = fopen( argv[1], "a" ) ;
                   if ( f==NULL )
                   {
100                    printf("ERRORE: impossibile modificare il file %s\n", argv[1]) ;
                       exit(1) ;
                   }

                   fprintf( f, "%s %s %s\n", argv[3], argv[4], argv[5] ) ;
105
                   fclose(f) ;
               }
           }
           else
110        {
               printf("ERRORE: Numero di parametri errato o comando sconosciuto\n") ;
               printf("Utilizzo: %s nomefile find nomeamico\n", argv[0]) ;
               printf("oppure  : %s nomefile new amicomittente amicodestinatario luogo\n",\
                      argv[0]) ;
115            exit(1) ;
           }

           exit(0) ;
       }
```

17.3 Esercizio 9.3 (Registro d'esame)

↩ 32

```
       /* PROGRAMMAZIONE IN C */

       /* File: esame.c */
       /* Soluzione proposta esercizio "Registro d'esame" */
5
       #include <stdio.h>
       #include <stdlib.h>
       #include <string.h>

10     int main(int argc, char *argv[])
       {
           const int MAX = 1000 ;
```

```
            const int LUN = 80 ;
            const char nomefile[] = "registro.txt" ;
15
            int matricola[MAX] ;
            int voto[MAX] ;
            int N ;

20          FILE * f ;
            char riga[LUN+1] ;
            char comando[LUN+1] ;
            int r, r1, r2, mat, vot, c, somma, i, trovato, pos ;

25          /* 1) Leggi il contenuto del file all'interno dei vettori */
            f = fopen(nomefile, "r") ;
            if ( f==NULL )
            {
                printf("ERRORE: impossibile aprire il file %s\n", nomefile) ;
30              exit(1) ;
            }

            fgets( riga, LUN, f ) ;
            r = sscanf(riga, "%d", &N) ;
35          if ( r != 1 )
            {
                printf("ERRORE: formato errato nella prima riga\n") ;
                exit(1) ;
            }
40
            c = 0 ;
            while ( fgets( riga, LUN, f ) != NULL )
            {
                r = sscanf( riga, "%d %d", &mat,&vot ) ;
45
                if ( r != 2 || mat<1 || mat>999999 ||
                     !( vot==0 || ( vot>=18 && vot<=30) ) )
                {
                    printf("ATTENZIONE: riga in formato errato - ignorata\n") ;
50              }
                else
                {
                    /* aggiungi ai vettori */
                    matricola[c] = mat ;
55                  voto[c] = vot ;
                    c++ ;
                }
            }

60          fclose(f) ;

            if ( c != N )
            {
                printf("ERRORE di coerenza nel file\n") ;
65              exit(1) ;
            }

            /* 2) Acquisisci il comando dell'utente */

70          if ( !(
                       (argc==2 && strcmp(argv[1], "stat")==0) ||
                       (argc==4 && strcmp(argv[1], "voto")==0)
                   ) )
            {
75              printf("ERRORE: numero argomenti errato\n");
                exit(1) ;
            }

            strcpy( comando, argv[1] ) ;
80          if ( strcmp( comando, "voto" )==0 )
            {
                r1 = sscanf(argv[2], "%d", &mat ) ;
```

```
            r2 = sscanf(argv[3], "%d", &vot ) ;
            if ( r1 != 1 || r2 != 1 )
            {
                printf("ERRORE: matricola e voto devono essere numerici\n") ;
                exit(1) ;
            }
        }

        /* 2a) "stat" */
        if ( strcmp(comando, "stat")==0 )
        {
            /* 2a1) calcola e stampa le statistiche */
            c = 0 ;
            somma = 0 ;
            for ( i = 0 ; i < N ; i++ )
            {
                if ( voto[i]!=0 )
                {
                    c++ ;
                    somma = somma + voto[i] ;
                }
            }

            printf("promossi = %d (%f %%)\n", c, (double)c/(double)N*100.0 ) ;
            printf("voto medio = %f\n", (double)somma/(double)c ) ;

        }
        else if ( strcmp(comando, "voto")==0 )
        {
            /* 2b) "voto nmatricola valorevoto" */

            /* ricerca 'mat' all'interno del vettore matricola[] */
            /* output: trovato=1/0, pos */
            trovato = 0 ;
            for (i=0; i<N && trovato==0; i++)
            {
                if ( matricola[i] == mat )
                {
                    trovato = 1 ;
                    pos = i ;
                }
            }

            /* controlla se e' valido */
            if ( trovato == 1 && voto[pos]==0 )
            {
                /* modifica il voto all'interno del vettore */
                voto[pos] = vot ;

                /* salva i vettori su file */
                f = fopen( nomefile, "w" ) ;
                if ( f==NULL )
                {
                    printf("ERRORE: impossibile scrivere il file modificato\n") ;
                    exit(1) ;
                }

                /* la prima riga contiene il numero di studenti */
                fprintf(f, "%d\n", N) ;

                for (i=0; i<N; i++)
                    fprintf(f, "%d %d\n", matricola[i], voto[i]) ;

                fclose(f) ;
            }
            else
            {
                printf("Impossibile registrare il voto\n") ;
                if (trovato==0)
                    printf("Lo studente non esiste\n") ;
```

```
            else
                printf("L'esame e' gia' stato superato\n" ) ;
        }
        else
        {
            printf("ERRORE: comando non valido\n") ;
            exit(1) ;
        }

        exit(1) ;
    }
```

17.4 Esercizio 9.4 (Sostituzione lettere)

← 33

```
    /* PROGRAMMAZIONE IN C */

    /* File: scambia.c */
    /* Soluzione proposta esercizio "Sostituzione lettere" */

    #include <stdio.h>
    #include <stdlib.h>
    #include <string.h>
    #include <ctype.h>

    int main( int argc, char *argv[] )
    {
        char let1, let2 ;
        FILE * f ;
        FILE * g ;

        int ch ;

        /* controlla la correttezza degli argomenti */

        if ( argc!=4 )
        {
            printf("ERRORE: numero di argomenti errato\n") ;
            printf("Utilizzo: %s file1 file2 ab\n", argv[0]) ;
            exit(1) ;
        }

        if ( strlen(argv[3])!=2 || !isalpha(argv[3][0]) || !isalpha(argv[3][1]) )
        {
            printf("ERRORE: parametro %s non valido\n", argv[3]) ;
            printf("Deve essere composto di 2 caratteri alfabetici\n") ;
            exit(1) ;
        }

        let1 = tolower(argv[3][0]) ;
        let2 = tolower(argv[3][1]) ;

        /* travasa il file argv[1] in argv[2] */
        f = fopen( argv[1], "r") ;
        g = fopen( argv[2], "w") ;

        if ( f==NULL || g==NULL )
        {
            printf("ERRORE: impossibile aprire i file\n") ;
            exit(1) ;
        }

        while ( ( ch = fgetc(f) ) != EOF )
        {
            /* controlla ch ed eventualmente modificalo */
            if ( tolower(ch) == let1 )
            {
                if ( isupper(ch) )
                    ch = toupper(let2) ;
                else
```

CAPITOLO 17. SOLUZIONI: I/O AVANZATO E FILE

```
                ch = let2 ;
            }
            else if ( tolower(ch) == let2 )
            {
60              if ( isupper(ch) )
                    ch = toupper(let1) ;
                else
                    ch = let1 ;
            }
65
            fputc( ch, g ) ;
        }

        fclose(f) ;
70      fclose(g) ;

        exit(0) ;
    }
```

17.5 Esercizio 9.5 (Superfici e Volumi)

↩ 34

```
    /* PROGRAMMAZIONE IN C */

    /* File: dimef.c */
    /* Soluzione proposta esercizio "Superfici e Volumi" */
5
    #include <stdio.h>
    #include <stdlib.h>

    int main( int argc, char *argv[] )
10  {
        const int MAX = 100 ;

        int nPiani ;
        double areaTot ;  /* superficie totale in m^2 */
15      double volTot ;   /* volume totale in m^3 */
        double areaPiano ; /* superficie di 1 piano in m^2 */

        int p, s, x, y, r ;
        int nStanze, hPiano ;
20
        FILE * f ;
        char riga[MAX+1] ;

        if ( argc!=3 )
25      {
            printf("ERRORE: numero argomenti errato\n") ;
            exit(1) ;
        }

30      /* argv[1] -> nome del file */
        /* argv[2] -> numero di piani */

        r = sscanf( argv[2], "%d", &nPiani ) ;
        if ( r!=1 || nPiani<1 )
35      {
            printf("ERRORE: numero piani errato\n") ;
            exit(1) ;
        }

40      f = fopen( argv[1], "r" ) ;
        if ( f==NULL )
        {
            printf("ERRORE: impossibile aprire file %s\n", argv[1]) ;
            exit(1) ;
45      }

        areaTot = 0.0 ;
        volTot = 0.0 ;
```

```
50      /* per ogni piano p=1...nPiani */
        for ( p = 1 ; p <= nPiani ; p++ )
        {
            /* leggere nStanze e altezza hPiano */
            if ( fgets( riga, MAX, f ) == NULL )
55          {
                printf("ERRORE: il file e' finito troppo presto\n") ;
                exit(1) ;
            }
            if ( sscanf( riga, "%d %d", &nStanze, &hPiano ) != 2 )
60          {
                printf("ERRORE: riga in formato errato\n") ;
                exit(1) ;
            }

65          /* opzionale: controllare che nStanze>=1 e 1<=hPiano<=h_max */

            areaPiano = 0.0 ;
            /* per ogni stanza del piano, da 0 a nStanze-1 */
            for ( s = 0 ; s < nStanze; s++ )
70          {
                /* leggi le misure */
                if ( fgets( riga, MAX, f ) == NULL )
                {
                    printf("ERRORE: il file e' finito troppo presto\n") ;
75                  exit(1) ;
                }
                if ( sscanf( riga, "%d %d", &x, &y ) != 2 )
                {
                    printf("ERRORE: riga in formato errato\n") ;
80                  exit(1) ;
                }

                /* aggiorna areaPiano */
                areaPiano = areaPiano + (x * y)/10000.0 ;
85          }

            areaTot = areaTot + areaPiano ;
            volTot = volTot + areaPiano * (hPiano/100.0) ;
        }
90
        fclose(f) ;

        printf("Superficie totale dell'edificio: %.2f metri quadri\n", areaTot) ;

95      printf("Volume totale dell'edificio: %.2f metri cubi\n", volTot ) ;

        exit(0) ;
    }
```

17.6 Esercizio 9.6 (Statistiche caratteri)

↩ 34

```
    /* PROGRAMMAZIONE IN C */

    /* File: statcar.c */
    /* Soluzione proposta esercizio "Statistiche caratteri" */
5
    #include <stdio.h>
    #include <stdlib.h>
    #include <string.h>

10  int main( int argc, char *argv[] )
    {
        const int MAX = 200 ;

        char riga[MAX+1] ;
15      char lunga[MAX+1] ;

        FILE *f ;
```

```
        int nRighe ;
        int nCarTot ;
        int nCarMax ;

        int nCarRiga ;
        int i ;

        if ( argc!=2 )
        {
            printf("ERRORE: numero di parametri errato\n") ;
            exit(1) ;
        }

        f = fopen( argv[1], "r" ) ;
        if ( f == NULL )
        {
            printf("ERRORE: impossibile aprire file %s\n", argv[1]) ;
            exit(1) ;
        }

        nRighe = 0 ;
        nCarTot = 0 ;
        nCarMax = -1 ;

        while ( fgets(riga, MAX, f) != NULL )
        {
            /* conta il numero di car. diversi da spazio nella riga corrente */
            nCarRiga = 0 ;
            for ( i=0; riga[i]!='\n'; i++ )
            {
                if ( riga[i] != ' ' )
                    nCarRiga ++ ;
            }

            nRighe ++ ;
            nCarTot = nCarTot + nCarRiga ;

            if ( nCarRiga > nCarMax )
            {
                nCarMax = nCarRiga ;
                strcpy( lunga, riga ) ;
            }
        }

        printf("numero di righe: %d\n", nRighe) ;
        printf("numero di caratteri: %d\n", nCarTot) ;
        printf("numero di caratteri per riga:\n") ;
        printf(" - medio %.1f\n", (double)nCarTot/(double)nRighe ) ;
        printf(" - massimo %d\n", nCarMax ) ;
        printf("riga piu' lunga:\n") ;
        printf("%s", lunga ) ;

        exit(0) ;
    }
```

17.7 Esercizio 9.7 (Temperature)

```
/* PROGRAMMAZIONE IN C */

/* File: temperatura.c */
/* Soluzione proposta esercizio "Temperature" */

#include <stdio.h>
#include <stdlib.h>
#include <string.h>

int main(int argc, char * argv[])
{
    FILE * f;
    float somma, temperatura ;
```

```
        int cont, r ;
15      char citta[31], riga[255] ;

        if (argc < 3)
        {
            printf ("ERRORE: numero di parametri non sufficiente") ;
20          exit (1) ;
        }

        f = fopen (argv[1], "r");
        if (f == NULL)
25      {
            printf ("ERRORE: impossibile aprire il file");
            exit (1) ;
        }

30      somma = 0;
        cont = 0;
        while (fgets (riga, 254, f) != NULL)
        {
            r = sscanf (riga, "%f %s", &temperatura, citta);
35          if (r==2)
            {
                if (strcmp(argv[2],citta) == 0)
                {
                    somma = somma+temperatura;
40                  cont ++;
                }
            }
            else
                printf("Riga in formato errato - ignorata\n") ;
45      }
        printf ("La media delle temperature della citta' %s e' %f\n",
                argv[2], somma/cont);
        fclose (f);
        exit(0) ;
50  }
```

17.8 Esercizio 9.8 (Presenze ai corsi)

↩ 36

```
    /* PROGRAMMAZIONE IN C */

    /* File: registro.c */
    /* Soluzione proposta esercizio "Presenze ai corsi" */
5
    #include <stdio.h>
    #include <stdlib.h>
    #include <string.h>

10  int main( int argc, char *argv[] )
    {
        const char nomefile[] = "studenti.txt" ;
        const int MAX = 100 ;

15      char riga[MAX+1] ;
        char codice[MAX+1] ;
        int data, stud, r ;
        FILE * f ;

20      int totStud ; /* somma tutte presenze */
        int nLezioni ; /* numero di lezioni del corso */

        int minStud, maxStud ;
        int dataMinStud, dataMaxStud ;
25
        /* Controlla i parametri ricevuti */
        /* argv[1] -> codice del corso */
        /* argv[2] -> comando "I" oppure "S" */

30      if ( argc!=3 )
```

```c
            {
                printf("ERRORE: numero di parametri errato\n") ;
                exit(1) ;
            }
        if ( strcmp(argv[2], "I")!=0 && strcmp(argv[2], "S")!=0 )
            {
                printf("ERRORE: comando %s non riconosciuto\n", argv[2]) ;
                exit(1) ;
            }

        /* se il comando è 'I' */
        if ( strcmp(argv[2], "I")==0 )
            {
                /* acquisisci i dati da tastiera */

                printf("Data: ") ;
                gets(riga) ;
                r = sscanf( riga, "%d", &data ) ;

                if ( r!=1 || data <1 || data > 366 )
                    {
                        printf("ERRORE: Data assente o non valida\n") ;
                        exit(1) ;
                    }

                printf("Studenti: ") ;
                gets(riga) ;
                r = sscanf( riga, "%d", &stud ) ;

                if ( r!=1 || stud <1 )
                    {
                        printf("ERRORE: Numero studenti assente o non valido\n") ;
                        exit(1) ;
                    }

                /* aggiungi una riga al file */

                f = fopen(nomefile, "a") ;
                if ( f==NULL )
                    {
                        printf("ERRORE: non riesco a modificare il file %s\n", nomefile) ;
                        exit(1) ;
                    }

                fprintf( f, "%s %d %d\n", argv[1], data, stud) ;

                fclose(f) ;

            }
        else if ( strcmp(argv[2], "S")==0 )
            {
                /* se il comando è 'S' */
                nLezioni = 0 ;
                totStud = 0 ;

                minStud = 5000 ;
                maxStud = -1 ;

                /* leggi tutte le righe il file */
                f = fopen( nomefile, "r" ) ;
                if ( f==NULL )
                    {
                        printf("ERRORE: impossibile leggere file %s\n", nomefile) ;
                        exit(1) ;
                    }

                while ( fgets(riga, MAX, f) != NULL )
                    {
```

```c
                r = sscanf(riga, "%s %d %d", codice, &data,&stud) ;
                if ( r!=3 )
                {
                    printf("Riga in formato errato - ignorata\n") ;
                }
                else
                {
                    /* se la riga è relativa al corso che mi interessa */
                    if ( strcmp( codice, argv[1] ) == 0 )
                    {
                        /* aggiorna statistiche */
                        nLezioni++ ;
                        totStud = totStud + stud ;

                        if ( stud > maxStud )
                        {
                            maxStud = stud ;
                            dataMaxStud = data ;
                        }

                        if ( stud < minStud )
                        {
                            minStud = stud ;
                            dataMinStud = data ;
                        }
                    }
                }
            }
        fclose(f) ;

        /* stampa statistiche */
        if ( nLezioni>=1 )
        {
            printf("Il minimo di studenti si e' raggiunto in data %d\n",
                    dataMinStud) ;
            printf("Il massimo di studenti si e' raggiunto in data %d\n",
                    dataMaxStud) ;
            printf("La media del numero di studenti vale %.1f\n",
                    (double)totStud / (double)nLezioni ) ;
        }
        else
        {
            printf("Non ci sono lezioni del corso %s\n", argv[1]) ;
        }
    }

    exit(0) ;
}
```

17.9 Esercizio 9.9 (Media esami)

Prima soluzione

← 37

```c
/* PROGRAMMAZIONE IN C */

/* File: media.c */
/* Soluzione proposta esercizio "Media esami" */

#include <stdio.h>
#include <stdlib.h>
#include <string.h>

int main( int argc, char *argv[] )
{
    const int MAX= 100 ;

    char comando ;
    int valore ;
```

```c
        int r, voto, matricola, codice ;
        int nVoti, totVoti ;

        FILE *f ;
        char riga[MAX+1] ;

        /* controlla gli argomenti */
        /* argv[1] -> nome del file */
        /* argv[2] -> comando
             argv[2][0] == '-'
             argv[2][1] == 'a' oppure 's' oppure 'e'
             argv[2][dal 2 in poi] -> numero intero */

        if ( argc!=3 )
        {
            printf("ERRORE: numero di argomenti errato\n") ;
            exit(1) ;
        }

        r = sscanf( argv[2], "-%c%d", &comando, &valore ) ;

        if ( r!=2 || ( comando!='a' && comando!='s' && comando!='e' ) )
        {
            printf("ERRORE: comando %s non riconosciuto\n", argv[2]) ;
            exit(1) ;
        }

        /* leggi il file, per ogni riga controlla se deve essere
        considerata (in funzione di comando) */
        f = fopen(argv[1],"r") ;
        if ( f==NULL )
        {
            printf("ERRORE: impossibile aprire file %s\n", argv[1]) ;
            exit(1) ;
        }

        totVoti = 0;
        nVoti = 0 ;

        while ( fgets(riga, MAX, f) != NULL )
        {
            r = sscanf( riga, "%d %d %*s %d", &matricola, &codice, &voto ) ;
            /* Nota: %*s fa sì che la stringa NON venga memorizzata */

            if ( r == 3 )
            {
                if ( ( (comando == 's' && matricola == valore) ||
                       (comando == 'e' && codice == valore ) ||
                       (comando == 'a' && (codice/1000) == valore ))
                       && voto>=18  )
                {
                    totVoti = totVoti + voto ;
                    nVoti++ ;
                }
            }
        }
        fclose(f) ;

        if ( nVoti>0 )
        {
            printf("Valore medio: %.1f\n", (double)totVoti / (double)nVoti ) ;
        }
        else
        {
            printf("Non ci sono esami che soddisfano i criteri di ricerca\n") ;
        }

        exit(0) ;
}
```

Soluzione più generale

Nel caso in cui volessimo permettere all'utente di specificare più di un filtro contemporameamente (ad esempio specificando simultaneamente i parametri -s e -a per indicare che si desidera la media dei voti che uno studente ha riportato in un certo anno di corso), si può ricorrere ad una soluzione più generale, riportata nel seguito.

In questo caso si è preferito definire alcune variabili di tipo logico (*flag*) per ricordare quali comandi sono stati specificati dall'utente: com_a, com_e, com_s. A ciascun flag è associata una variabile che contiene il valore specificato dall'utente come "filtro": val_a, val_e, val_s.

L'algoritmo funziona considerando, per ogni riga del file, se tale riga deve essere considerata o meno, in funzione dei comandi ricevuti. In particolare, se un comando X è assente (com_X==0), allora tale riga deve essere considerata (non filtrata). In caso contrario (com_X==1), occorre controllare se il valore è quello corretto (val_X==...).

```
/* PROGRAMMAZIONE IN C */

/* File: media2.c */
/* Soluzione proposta esercizio "Media esami" - VERSIONE PIÙ GENERALE */

#include <stdio.h>
#include <stdlib.h>
#include <string.h>

int main( int argc, char *argv[] )
{
    const int MAX= 100 ;

    char comando ;
    int valore ;

    int r, voto, matricola, codice,i ;
    int nVoti, totVoti ;

    FILE *f ;
    char riga[MAX+1] ;

    int com_a,com_e, com_s, val_a, val_e, val_s ;

    /* controlla gli argomenti */
    /* argv[1] -> nome del file */
    /* argv[2] -> comando
        argv[2][0] == '-'
        argv[2][1] == 'a' oppure 's' oppure 'e'
        argv[2][dal 2 in poi] -> numero intero */

    if ( argc<3 )
    {
        printf("ERRORE: numero di argomenti errato\n") ;
        exit(1) ;
    }

    com_s = 0 ;
    com_a = 0 ;
    com_e = 0 ;

    for ( i = 2 ; i<argc; i++ )
    {
        r = sscanf( argv[i], "-%c%d", &comando, &valore ) ;

        if ( r!=2 || ( comando!='a' && comando!='s' && comando!='e' ) )
        {
            printf("ERRORE: comando %s non riconosciuto\n", argv[i]) ;
            exit(1) ;
        }

        if ( comando=='a' )
        {
```

```c
                com_a = 1 ;
                val_a = valore ;
            }
            else if (comando=='e')
            {
                com_e = 1 ;
                val_e = valore ;
            }
            else if (comando=='s')
            {
                com_s = 1 ;
                val_s = valore ;
            }
        }

        /* leggi il file, per ogni riga controlla se deve essere
        considerata (in funzione di comando) */
        f = fopen(argv[1],"r") ;
        if ( f==NULL )
        {
            printf("ERRORE: impossibile aprire file %s\n", argv[1]) ;
            exit(1) ;
        }

        totVoti = 0;
        nVoti = 0 ;

        while ( fgets(riga, MAX, f) != NULL )
        {
            r = sscanf( riga, "%d %d %*s %d", &matricola, &codice, &voto ) ;
            if ( r == 3 )
            {
                if ( ( com_s == 0 || val_s==matricola ) &&
                     ( com_a == 0 || val_a==codice/1000) &&
                     ( com_e == 0 || val_e==codice) &&
                     voto>=18  )
                {
                    totVoti = totVoti + voto ;
                    nVoti++ ;
                }
            }
        }
        fclose(f) ;

        if ( nVoti>0 )
        {
            printf("Valore medio: %.1f\n", (double)totVoti / (double)nVoti ) ;
        }
        else
        {
            printf("Non ci sono esami che soddisfano i criteri di ricerca\n") ;
        }

        exit(0) ;
}
```

17.10 Esercizio 9.10 (Consumi di toner)

↩ 37

```c
/* PROGRAMMAZIONE IN C */

/* File: stat.c */
/* Soluzione proposta esercizio "Consumi di toner" */

#include <stdio.h>
#include <stdlib.h>
#include <string.h>
```

```c
int main( int argc, char *argv[] )
{
    const int MAX = 100 ;
    const int LUNDIP = 5 ;

    int cont, tot, min, max, r ;
    FILE * f ;
    char riga[MAX+1] ;
    char nomedip[LUNDIP+1] ;
    int consumo ;

    if ( argc != 4 )
    {
        printf("ERRORE: numero di argomenti errato\n") ;
        exit(1) ;
    }

    f = fopen( argv[1], "r" ) ;
    if ( f==NULL )
    {
        printf("ERRORE: impossibile aprire file %s\n", argv[1]) ;
        exit(1) ;
    }

    /* Si è scelto di far sì che il programma calcoli comunque tutte e
    tre le statistiche, e poi stampi solamente quella richiesta.
    Così facendo il codice è più semplice */

    cont = 0 ;
    tot = 0 ;
    max = 0 ;
    min = 1000 ;

    while ( fgets( riga, MAX, f ) != NULL )
    {
        r = sscanf( riga, "%s %d", nomedip, &consumo ) ;

        if ( strcmp( nomedip, argv[2] ) == 0 )
        {
            if ( consumo > max )
                max = consumo ;

            if ( consumo < min )
                min = consumo ;

            tot = tot + consumo ;
            cont++ ;
        }
    }

    fclose(f) ;

    if ( cont>0 )
    {
        if ( strcmp( argv[3], "-min" ) == 0 )
            printf("%d\n", min) ;
        else if ( strcmp( argv[3], "-max" ) == 0 )
            printf("%d\n", max) ;
        else if ( strcmp( argv[3], "-med" ) == 0 )
            printf("%.1f\n", (double)tot/cont ) ;
        else
            printf("Errore: comando %s non riconosciuto\n", argv[3]) ;
    }
    else
        printf("Errore: dipartimento %s non trovato\n", argv[2]) ;

    exit(0) ;
}
```

17.11 Esercizio 9.11 (Ricette di cucina)

↩ 38

```c
/* PROGRAMMAZIONE IN C */

/* File: cerca.c */
/* Soluzione proposta esercizio "Ricette di cucina" */

#include <stdio.h>
#include <stdlib.h>
#include <string.h>

int main( int argc, char *argv[] )
{
    const int MAXRIGA = 300 ;
    const int MAXINGR = 100 ;
    const int LUN = 20 ;

    const char filericette[] = "Germana.txt" ;

    /* COMPOSIZIONE DELLA RICETTA RICHIESTA */
    char ingredienti[MAXINGR][LUN+1] ;
    double quantita[MAXINGR] ;
    int Ningr ; /* numero ingredienti totale della ricetta */

    FILE * f ;

    int ok[MAXINGR] ;
    int i, r ;
    char riga[MAXRIGA+1] ;
    char ricetta[LUN+1] ;
    char ingr[LUN+1] ;
    double qta, qrichiesta ;
    int richiesto, pos, possibile ;

    /* Acquisisci argomenti sulla linea di comando */
    if ( argc != 3 )
    {
        printf("ERRORE: numero di argomenti errato\n") ;
        exit(1) ;
    }

    /* FASE 1: LEGGI IL FILE Germana.txt E RIEMPI I VETTORI
       ingredienti[], quantita[] SECONDO QUANTO RICHIESTO
       DALLA RICETTA argv[2] */
    f = fopen( filericette, "r" ) ;
    if (f==NULL)
    {
        printf("ERRORE: impossibile aprire il file %s\n", filericette ) ;
        exit(1) ;
    }

    Ningr = 0 ;
    while (fgets(riga, MAXRIGA, f) != NULL)
    {
        r = sscanf( riga, "%s %s %lf", ricetta, ingr, &qta ) ;

        if ( r==3 )
        {
            if ( strcmp(ricetta, argv[2]) == 0 )
            {
                strcpy( ingredienti[Ningr], ingr ) ;
                quantita[Ningr] = qta ;
                Ningr ++ ;
            }
        }
        else
            printf("Riga in formato errato: ignorata\n") ;
    }
    fclose(f) ;
```

```
        if ( Ningr==0 )
70      {
            printf("ERRORE: ricetta %s non trovata\n", argv[2]) ;
            exit(1) ;
        }

75      /* FASE 2: LEGGI IL FILE argv[1] E CONFRONTA CON GLI
           INGREDIENTI RICHIESTI */

        /* 2A: leggo argv[1] e per ogni ingrediente aggiorno il
           vettore ok[] */
80
        for (i=0; i<Ningr; i++)
            ok[i] = 0 ;

        f = fopen( argv[1], "r" ) ;
85
        while ( fgets( riga, MAXRIGA, f ) != NULL )
        {
            r = sscanf( riga, "%s %lf", ingr, &qta ) ;

90          if ( r == 2 )
            {
                /* ingr è richiesto? */
                richiesto = 0 ;
                for (i=0; i<Ningr; i++)
95                  if ( strcmp(ingr, ingredienti[i]) == 0 )
                    {
                        richiesto = 1 ;
                        qrichiesta = quantita[i] ;
                        pos = i ;
100                 }

                if ( richiesto==1 )
                {
                    if ( qrichiesta <= qta )
105                 {
                        ok[pos] = 1 ;
                        printf("%s: ok\n", ingr) ;
                    }
                    else
110                 {
                        printf("%s: richiesti %f, disponibili %f\n",
                               ingr, qrichiesta, qta ) ;
                    }
                }
115         }
            else
                printf("Riga in formato errato: ignorata\n") ;
        }
        fclose(f) ;
120
        /* 2A: sulla base del vettore ok[] decido se la ricetta
           e' fattibile */
        possibile = 1 ;
        for ( i = 0 ; i<Ningr ; i++ )
125         if ( ok[i]==0 )
                possibile = 0 ;

        if ( possibile==1 )
            printf("Ricetta POSSIBILE!!!\n") ;
130     else
            printf("Ricetta IMPOSSIBILE\n") ;

        exit(0) ;
    }
```

Parte III

Materiale di riferimento

Capitolo 18

Schede riassuntive

18.1 Primo programma in C

Struttura di un file sorgente in C

```c
/* programma: NomeFile.c
 * autore: NomeAutoreDelProgramma
 * BreveDescrizioneDelProgramma
 */

/* Inclusione delle librerie */
#include <stdio.h>
#include <stdlib.h>
#include <math.h>

int main(void)
{
   /* Definizione delle variabili */
   . . . .

   /* Istruzioni eseguibili */
   . . . .

   exit(0) ;
}
```

Nota

Quando il programma riceve degli argomenti sulla linea di comando, allora la definzione della funzione main deve essere modificata come:

```c
int main(int argc, char *argv[])
```

Librerie principali

Lettura/scrittura su terminale e su file	`#include <stdio.h>`
Interazione con sistema operativo	`#include <stdlib.h>`
Funzioni matematiche	`#include <math.h>`
Elaborazione di testi e stringhe	`#include <string.h>`
Analisi del tipo di caratteri	`#include <ctype.h>`
Valori minimi e massimi	`#include <limits.h>`

Definizione delle variabili

Definizione di variabili intere	`int i, j ;`
Definizione di variabili reali	`float r ;`

145

CAPITOLO 18. SCHEDE RIASSUNTIVE

Istruzioni eseguibili

Assegnazione a variabile	`a = 0 ;`
	`b = 17 ;`
	`c = a + b ;`
	`b = b + 1 ;`
	`d = b * b - 4 * a * c ;`
	`e = b * (b - 4 * a) * c ;`
	`x1 = ( -b + sqrt(d) ) / ( 2*a ) ;`
	`nomevariabile = espressione ;`

Lettura (input) di numeri interi	`scanf("%d", &i) ;` ← **ricordare il '&'**
Lettura (input) di numeri reali	`scanf("%f", &r) ;` ← **ricordare il '&'**
Stampa (output) di messaggi e numeri	`printf("Numero %d, valore %f\n", i, r) ;`
Vai a capo nella stampa	`printf("\n") ;`

Espressioni aritmetiche

Le 4 operazioni	`+ - * /`
Le parentesi	`( (a + b) * (c / (d - e) ) )`
Resto della divisione	`%`

Funzioni definite in `math.h`

Valore assoluto	$y \leftarrow \lvert x \rvert$	`y = fabs(x) ;`
Radice quadrata	$y \leftarrow \sqrt{x}$	`y = sqrt(x) ;`
Radice cubica	$y \leftarrow \sqrt[3]{x}$	`y = cbrt(x) ;`
Elevamento a potenza	$y \leftarrow x^z$	`y = pow(x, z) ;`
Ipotenusa	$y \leftarrow \sqrt{x^2 + z^2}$	`y = hypot(x, z) ;`
Ceiling	$y \leftarrow \lceil x \rceil$	`y = ceil(x) ;`
Floor	$y \leftarrow \lfloor x \rfloor$	`y = floor(x) ;`
Arrotondamento	$y \leftarrow \lfloor x + 1/2 \rfloor$	`y = round(x) ;`
Troncamento verso 0	$y \leftarrow sign(x) \lfloor \lvert x \rvert \rfloor$	`y = trunc(x) ;`
Resto della divisione	$y \leftarrow Resto(x/z)$	`y = fmod(x, z) ;`
Esponenziale	$y \leftarrow e^x$	`y = exp(x) ;`
	$y \leftarrow 2^x$	`y = exp2(x) ;`
Logaritmo	$y \leftarrow \ln x$	`y = log(x) ;`
	$y \leftarrow \log_2 x$	`y = log2(x) ;`
	$y \leftarrow \log_{10} x$	`y = log10(x) ;`
Funzioni trigonometriche	$y \leftarrow \sin x$	`y = sin(x) ;`
	$y \leftarrow \cos x$	`y = cos(x) ;`
	$y \leftarrow \tan x$	`y = tan(x) ;`
Funzioni trigonometriche inverse	$y \leftarrow \arcsin x$	`y = asin(x) ;`
	$y \leftarrow \arccos x$	`y = acos(x) ;`
	$y \leftarrow \arctan x$	`y = atan(x) ;`
	$y \leftarrow \arctan(x/z)$	`y = atan2(x, z) ;`
Funzioni iperboliche	$y \leftarrow \sinh x$	`y = sinh(x) ;`
	$y \leftarrow \cosh x$	`y = cosh(x) ;`
	$y \leftarrow \tanh x$	`y = tanh(x) ;`
Funzioni iperboliche inverse	$y \leftarrow \sinh^{-1} x$	`y = asinh(x) ;`
	$y \leftarrow \cosh^{-1} x$	`y = acosh(x) ;`
	$y \leftarrow \tanh^{-1} x$	`y = atanh(x) ;`

18.2 Istruzioni di scelta in C

Espressioni condizionali

Confronto di uguaglianza	==	⇐ mai usare =
Confronto di disuguaglianza	!=	
Confronto di ordine	< <= > >=	
Congiunzione AND	(a>0) && (b>0)	
Disgiunzione OR	(a>0) || (b>0)	
Negazione NOT	!(a+b<c)	
Appartenenza ad intervalli $x \in [a,b]$	a<=x && x<=b	⇐ mai usare a<=x<=b
Esclusione da intervalli $x \notin [a,b]$	x<a || x>b	⇐ oppure !(a<=x && x<=b)

Costrutto `if-else`

Costrutto condizionale semplice	```if (condizione)
	{
	    istruzioni 1 ;
	}
	else
	{
	    istruzioni 2 ;
	}```

Costrutto condizionale senza alternativa	```if (condizione)
	{
	    istruzioni 1 ;
	}```

Costrutti `if-else` multipli

| Costrutti condizionali sequenziali | ```
if ( condizione1 )
{
    istruzioni 1 ;
}
else
{
    istruzioni 2 ;
}
if( condizione2 )
{
    istruzioni 3 ;
}
else
{
    istruzioni 4 ;
}
``` |
| Costrutti condizionali annidati | ```
if ( condizione1 )
{
    istruzioni 1 ;
    if( condizione2 )
    {
        istruzioni 2 ;
    }
    else
    {
        istruzioni 3 ;
    }
    istruzioni 4 ;
}
else
{
    istruzioni 5 ;
    if( condizione3 )
    {
        istruzioni 6 ;
    }
    else
    {
        istruzioni 7 ;
    }
    istruzioni 8 ;
}
``` |
| Costrutto condizionale con più alternative | ```
if (condizione 1)
{
    istruzioni 1 ;
}
else if (condizione 2)
{
    istruzioni 2 ;
}
else
{
    istruzioni 3 ;
}
``` |
```

CAPITOLO 18. SCHEDE RIASSUNTIVE

Costrutto `switch`

Espressione di tipo intero	```switch (espressione)
{
    case 2:
        istruzioni 1 ;
    break ;

    case 20:
        istruzioni 2 ;
    break ;

    case 210:
        istruzioni 3 ;
    break ;

    default:
        istruzioni di default ;
    break ;
}``` |
| Espressione di tipo carattere | ```switch (carattere)
{
    case 'a':
    case 'A':
            istruzioni 1 ;
    break ;

    case 'b':
    case 'B':
        istruzioni 2 ;
    break ;

    case 'c':
    case 'C':
        istruzioni 3 ;
    break ;

    case '_':
        istruzioni 4 ;
    break ;

    case '*':
        istruzioni 5 ;
    break ;

    default:
            istruzioni di default ;
    break ;
}``` |

18.3 Cicli ed iterazioni in C

Struttura di un ciclo

1. **Inizializzazione.** Assegnazione del valore iniziale a tutte le variabili che vengono lette durante il ciclo (nella condizione o nel corpo).

2. **Condizione di ripetizione.** Condizione, di solito inizialmente vera, che al termine del ciclo diventerà falsa. Deve dipendere da variabili che saranno modificate all'interno del ciclo (nel corpo o nell'aggiornamento).

3. **Corpo del ciclo.** Le istruzioni che effettivamente occorre ripetere: sono lo scopo per cui il ciclo viene realizzato. Si possono usare e modificare le variabili inizializzate.

4. **Aggiornamento.** Modifica di una o più variabili in grado di aggiornare il valore della condizione di ripetizione (rendendola, prima o poi, falsa). Tengono "traccia" del progresso dell'iterazione.

CAPITOLO 18. SCHEDE RIASSUNTIVE

Operatori di auto-incremento/decremento

Auto-incremento	`i++ ;` `++i ;`	equivale a `i = i + 1 ;`
Auto-decremento	`i-- ;` `--i ;`	equivale a `i = i - 1 ;`

Costrutti iterativi

Costrutto `while`	```while(condizione)
	{
	    corpo ;
	}```

Costrutto `do-while`	```do
	{
	    corpo ;
	}
	while(condizione) ;```

Costrutto `for`	```for(inizializzazione; condizione; incremento)
	{
	    corpo ;
	}```

Equivalenza `for-while`

```
for ( inizializz; condiz; aggiornamento )      inizializz ;
{                                              while ( condiz )
    corpo ;                                    {
}                                                  corpo ;
                                                   aggiornamento ;
                                               }
```

Ciclo infinito

```
for( ; ; )          while( 1 )
{                   {
    corpo ;             corpo ;
}                   }
```

Numero di iterazioni noto a priori

Da 0 a $N-1$, crescente	```for(i=0 ; i<N ; i++)
	{
	    corpo ;
	}```
		``i = 0 ;
		while(i<N)
		{
		    corpo ;
		    i++ ;
		}```

Da 1 a N, crescente	```for(i=1 ; i<=N ; i++)
	{
	    corpo ;
	}```
		``i = 1 ;
		while(i<=N)
		{
		    corpo ;
		    i++ ;
		}```

Da $N-1$ a 0, decrescente	```for(i=N-1 ; i>=0 ; i--)
	{
	    corpo ;
	}```
		``i = N-1 ;
		while(i>=0)
		{
		    corpo ;
		    i-- ;
		}```

Da N a 1, decrescente	```for(i=N ; i>0 ; i--)
	{
	    corpo ;
	}```
		``i = N ;
		while(i>0)
		{
		    corpo ;
		    i-- ;
		}```

CAPITOLO 18. SCHEDE RIASSUNTIVE

Numero di iterazioni non noto a priori

| Finché l'utente non inserisce un dato speciale | ```
scanf("%d", &dato) ;
while( dato != DATOSPECIALE )
{
    elabora_dato ;
    scanf("%d", &dato) ;
}
``` |
| | ```
do
{
    scanf("%d", &dato) ;
    if( dato != DATOSPECIALE )
    {
        elabora_dato ;
    }
}
while( dato != DATOSPECIALE ) ;
``` |
| Finché non si verifica una condizione particolare | ```
fine = 0 ; /* inizializzazione "flag" */
while( fine == 0 )
{
    elabora1 ;

    if( condizione_particolare )
        fine = 1 ;

    elabora2 ;
}
``` |

Contatori

| Conta le iterazioni | ```
conta = 0 ;
while( condizione )
{
    istruzioni ;

    conta ++ ;
}
``` |
| Conta quante volte si verifica una condizione particolare | ```
conta = 0 ;
while( condizione )
{
    istruzioni ;

    if (condizione_particolare)
        conta ++ ;

    altre_istruzioni ;
}
``` |
```

CAPITOLO 18. SCHEDE RIASSUNTIVE

Accumulatori

| Somma valori | ```
somma = 0 ;

for( i=0 ; i<N; i++ )
{
    istruzioni ; /* calcola "valore" */

    somma = somma + valore ;
}
``` |
| Massimo | ```
max = INT_MIN ;
/* inizializzato ad un valore minore dei
   numeri di cui si vuole calcolare
   il massimo */

for( i=0 ; i<N; i++ )
{
    istruzioni ; /* calcola "numero" */

    if( numero > max )
        max = numero ;
}
``` |
| Minimo | ```
min = INT_MAX ;
/* inizializzato ad un valore maggiore dei
   numeri di cui si vuole calcolare
   il massimo */

for( i=0 ; i<N; i++ )
{
    istruzioni ; /* calcola "numero" */

    if( numero < min )
        min = numero ;
}
``` |

Flag

```
trovato = 0 ; /* flag per la ricerca */
/* inizializzo a "NO" = falso */

for( i=0 ; i<N; i++ )
{
    istruzioni ;

    if(condizione_particolare)
        trovato = 1 ;

    altre_istruzioni ;
}

/* al termine del ciclo, verifico */
if( trovato == 1 )
{
    printf("SI") ;
}
else
{
    printf("NO") ;
}
```
```

CAPITOLO 18. SCHEDE RIASSUNTIVE

Esistenza e Universalità

	Esistenza	**Universalità**
P è vero	Esiste almeno un caso in cui P sia vero	In tutti i casi, P è vero
| | ```
esiste = 0 ;
while(condizione)
{
    if( P è vero )
        esiste = 1 ;
}

if ( esiste==1 ) ...
``` | ```
sempre = 1 ;
while(condizione)
{
    if( P non è vero )
        sempre = 0 ;
}

if ( sempre==1 ) ...
``` |
| P è falso | Esiste almeno un caso in cui P sia falso | In tutti i casi, P è falso |
| | ```
esiste = 0 ;
while(condizione)
{
    if( P non è vero )
        esiste = 1 ;
}

if ( esiste==1 ) ...
``` | ```
sempre = 1 ;
while(condizione)
{
    if( P è vero )
        sempre = 0 ;
}

if ( sempre==1 ) ...
``` |

Cicli Annidati

```
for( i=0; i<10; i++ )
{
    for( j=0; j<10; j++ )
    {
        printf("i=%d_-_j=%d\n", i, j);
    }
}
```

```
i=0 - j=0
i=0 - j=1
i=0 - j=2
...
i=0 - j=8
i=0 - j=9
i=1 - j=0
i=1 - j=1
i=1 - j=2
...
i=1 - j=8
i=1 - j=9
i=2 - j=0
i=2 - j=1
i=2 - j=2
...
i=2 - j=8
i=2 - j=9
...
...
i=9 - j=0
i=9 - j=1
i=9 - j=2
...
i=9 - j=8
i=9 - j=9
```

Istruzioni break e continue

```
while ( C )
{
  B1 ;
  if ( U ) /* condizione uscita */
     break ;
  B2 ;
}
/* se U e' vera, salta
immediatamente qui,
ed interrompe il ciclo
anche se C e' ancora vera.
In tal caso, B2 non
viene eseguita. */
```

```
while ( C )
{
  B1 ;
  if ( U )
     continue ;
  B2 ;
  /* se U e' vera, salta
  immediatamente qui,
  poi riprende la prossima
  iterazione. In tal caso,
  B2 non viene eseguita. */
}
```

CAPITOLO 18. SCHEDE RIASSUNTIVE

18.4 Vettori in C

Definizione di costanti

`#define MAX 100`	`const int MAX = 100 ;`
Prima del `main()`	Solitamente dentro al `main()`
Senza `;`	Necessario il `;`
Senza `=`	Necessario il `=`
Senza tipo di dato	Necessario il tipo: `int`, `float`, ...

Definizione di vettori

`int vet[100] ;`

`int`	Tipo del vettore: `int`, `float`, `char`, `double`
`vet`	Nome del vettore (arbitrario)
`100`	Numero di elementi, deve essere **costante** (numerica o simbolica)

Numero di elementi con costante simbolica

```
#define N 10              int main(void)
                          {
int main(void)               const int N = 10 ;
{
   int dato[N] ;             int dato[N] ;
   ...                       ...
}                         }
```

Vettori con occupazione variabile

`MAX`	Costante, la massima dimensione del vettore
`N`	Variabile `int`, pari al numero effettivo di elementi usati
da `0` a `N-1`	Posizioni del vettore effettivamente occupate
da `N` a `MAX-1`	Posizioni del vettore non utilizzate

```
const int MAXN = 100 ; /* dimensione massima */

int v[MAXN] ; /* vettore di dim. max. */

int N ; /* occupazione effettiva del vettore */

N = 0 ; /* inizialmente "vuoto" */
```

```
/* aggiunta in coda */

v[N] = nuovo_elemento ;

N++ ;
```

CAPITOLO 18. SCHEDE RIASSUNTIVE

Operazioni elementari sui vettori

| Stampa | ```c
printf("Vettore di %d interi\n", N) ;
for( i=0; i<N; i++ )
{
    printf("Elemento %d: ", i+1) ;
    printf("%d\n", v[i]) ;
}
``` |
| Lettura | ```c
printf("Lettura di %d interi\n", N) ;
for( i=0; i<N; i++ )
{
    printf("Elemento %d: ", i+1) ;
    scanf("%d", &v[i]) ;
}
``` |
| Copia | ```c
/* copia il contenuto di v[] in w[] */
for( i=0; i<N; i++ )
{
    w[i] = v[i] ;
}
``` |
| Ricerca di dato | ```c
trovato = 0 ;
pos = -1 ;

for( i=0 ; i<N ; i++ )
{
    if( v[i] == dato )
    {
        trovato = 1 ;
        pos = i ;
    }
}

if(trovato==1) ...
``` |
| Ricerca del massimo | ```c
float max ;    /* valore del massimo */
int posmax ;   /* posizione del max */

max = r[0] ;
posmax = 0 ;
for( i=1 ; i<N ; i++ )
{
    if( r[i]>max )
    {
        max = r[i] ;
        posmax = i ;
    }
}
``` |
```

18.5 Caratteri e stringhe in C

Codice ASCII a 7 bit

		0 0x	16 1x	32 2x	48 3x	64 4x	80 5x	96 6x	112 7x
0	x0	NUL			0	@	P	`	p
1	x1			!	1	A	Q	a	q
2	x2			"	2	B	R	b	r
3	x3			#	3	C	S	c	s
4	x4			$	4	D	T	d	t
5	x5			%	5	E	U	e	u
6	x6			&	6	F	V	f	v
7	x7	BEL		'	7	G	W	g	w
8	x8	BS		(	8	H	X	h	x
9	x9	TAB		)	9	I	Y	i	y
10	xA	LF		*	:	J	Z	j	z
11	xB		ESC	+	;	K	[	k	{
12	xC	FF		,	<	L	\	l	|
13	xD	CR		-	=	M	]	m	}
14	xE			.	>	N	^	n	~
15	xF			/	?	O	_	o	DEL

Variabili di tipo `char`

Definizione	`char ch ;`
Assegnazione	`ch = 'K' ;`
	`ch = 75 ;`
Lettura	`scanf("%c", &ch) ;`
	`ch = getchar() ;`
Stampa	`printf("%c", ch) ;`
	`putchar(ch) ;`

Sequenze di escape

`'\n'`	A capo
`'\t'`	Tabulazione
`'\b'`	Backspace (cancella ultimo carattere)
`'\a'`	Campanello (*alert*)
`'\r'`	Ritorno carrello sulla stessa riga
`'\\'`	Carattere di *backslash* \
`'\''`	Carattere di singolo apice '
`'\"'`	Carattere di doppio apice "
`'\xNN'`	Carattere il cui codice ASCII vale NN (in base 16)

Variabili di tipo stringa

Definizione	`char s[LUN+1] ;`
Assegnazione	`strcpy(s, "ciao") ;`
	`strcpy(s, s2) ;`
Lettura	`scanf("%s", s) ;`
	`gets(s) ;`
Stampa	`printf("%s", s) ;`
	`puts(s) ;`

CAPITOLO 18. SCHEDE RIASSUNTIVE

Funzioni della libreria `<ctype.h>`

Nome	Parametri	Restituisce	Descrizione	Esempi
isalpha	**char** ch	vero/falso	Lettera maiuscola o minuscola (A...Z, a...z)	`if(isalpha(ch))` `{ ... }`
isupper	**char** ch	vero/falso	Lettera maiuscola (A...Z)	`if(isupper(ch))` `{ ... }`
islower	**char** ch	vero/falso	Lettera minuscola (a...z)	`if(islower(ch))` `{ ... }`
isdigit	**char** ch	vero/falso	Cifra numerica (0...9)	`if(isdigit(ch))` `{ ... }`
isalnum	**char** ch	vero/falso	Lettera oppure cifra numerica: `isalpha(ch)||isdigit(ch)`	`if(isalnum(ch))` `{ ... }`
isxdigit	**char** ch	vero/falso	Cifra numerica oppure lettera valida in base 16 (a...f, A...F)	`if(isxdigit(ch))` `{ ... }`
ispunct	**char** ch	vero/falso	Simbolo di punteggiatura (!"#$%&'()*+,-./:;<=>?@[\]^_`{|}~)	`if(ispunct(ch))` `{ ... }`
isgraph	**char** ch	vero/falso	Qualsiasi simbolo visibile (lettera, cifra, punteggiatura)	`if(isgraph(ch))` `{ ... }`
isprint	**char** ch	vero/falso	Qualsiasi simbolo visibile o spazio	`if(isprint(ch))` `{ ... }`
isspace	**char** ch	vero/falso	Spazio, tab o a capo	`if(isspace(ch))` `{ ... }`
iscntrl	**char** ch	vero/falso	Qualsiasi carattere di controllo	`if(iscntrl(ch))` `{ ... }`
toupper	**char** ch	**char**	Ritorna la versione maiuscola di ch	`for(i=0; s[i]!=0; i++)` `  s[i] = toupper(s[i]) ;`
iscntrl	**char** ch	**char**	Ritorna la versione minuscola di ch	`for(i=0; s[i]!=0; i++)` `  s[i] = tolower(s[i]) ;`

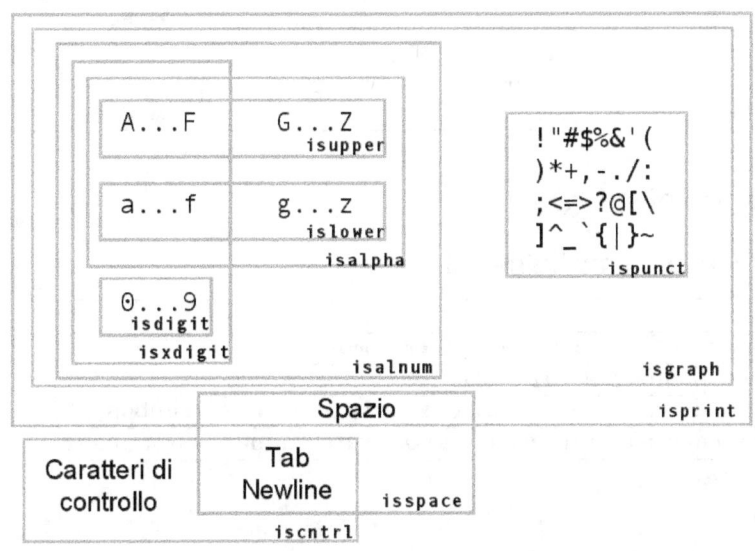

Funzioni della libreria `<string.h>`

Nome	Parametri	Restituisce	Descrizione	Esempi
strlen	char s[N]	int	Lunghezza della stringa	lun = strlen(s) ;
strcpy	char dst[N], char src[M]		Copia il contenuto di src all'interno di dst	strcpy(s1, s2) ; strcpy(s, "") ; strcpy(s1, "ciao") ;
strncpy	char dst[N], char src[M], int nc		Copia il contenuto di src (max nc caratteri) all'interno di dst	strncpy(s1, s2, 20) ; strncpy(s1, s2, MAX) ;
strcat	char dst[N], char src[N]		Accoda il contenuto di src alla fine di dst	strcat(s1, s2) ; strcat(s1, "␣") ;
strncat	char dst[N], char src[M], int nc		Accoda il contenuto di src (max nc caratteri) alla fine di dst	strncat(s1, s2, 50) ;
strcmp	char s1[N], char s2[M]	int	Risultato <0 se s1 precede s2, ==0 se s1 è uguale a s2, >0 se s1 segue s2	if(strcmp(s, r)==0) while(strcmp(r,"*")!=0)
strncmp	char s1[N], char s2[M], int n	int	Come strcmp, ma confronta solo i primi n caratteri	if(strncmp(r, "buon", 4)==0)
strchr	char s[N], char ch	==NULL o !=NULL	Risultato !=NULL se il carattere ch compare nella stringa, ==NULL se non compare.	if(strchr(s, '.')!=NULL) if(strchr(s, ch)==NULL)
strstr	char s[N], char r[N]	==NULL o !=NULL	Risultato !=NULL se la sotto-stringa r compare nella stringa s, ==NULL se non compare.	if(strstr(s, "xy")!=NULL) if(strstr(s, s1)==NULL)
strspn	char s[N], char r[N]	int	Restituisce la lunghezza della parte iniziale di s che è composta esclusivamente dei caratteri presenti in r (in qualsiasi ordine).	lun = strspn(s, "␣") ; lun = strspn(s, ".,") ;
strcspn	char s[N], char r[N]	int	Restituisce la lunghezza della parte iniziale di s che è composta esclusivamente dei caratteri *non* presenti in r.	lun = strspn(s, "␣") ; lun = strspn(s, ".,") ;

18.6 Matrici e Vettori di stringhe in C

Definizione di matrici (vettori multidimensionali)

`int pitagora[10][20] ;`	
int	Tipo della matrice: `int`, `float`, `char`, `double`
pitagora	Nome della matrice (arbitrario)
10	Numero di righe, deve essere **costante** (numerica o simbolica)
20	Numero di colonne, deve essere **costante** (numerica o simbolica)

Operazioni elementari sulle matrici

| Stampa (per righe) | ```c
printf("Matrice: %d x %d\n", N, M);

for(i=0; i<N; i++)
{
    for(j=0; j<M; j++)
    {
        printf("%f ", mat[i][j]) ;
    }
    printf("\n");
}
``` |
| Stampa (per colonne) | ```c
printf("Matrice: %d x %d\n", N, M);

for(j=0; j<M; j++)
{
    for(i=0; i<N; i++)
    {
        printf("%f ", mat[i][j]) ;
    }
    printf("\n");
}
``` |
| Lettura | ```c
printf("Immetti matrice %d x %d\n", N, M) ;

for(i=0; i<N; i++)
{
    printf("Riga %d:\n", i+1) ;
    for(j=0; j<M; j++)
    {
        printf("Elemento (%d,%d): ", i+1, j+1) ;
        scanf("%f", &mat[i][j]) ;
    }
}
``` |
| Copia | ```c
/* copia il contenuto di mat[][] in mat2[][] */
for(i=0; i<N; i++)
  for(j=0; j<M; j++)
    mat2[i][j] = mat[i][j] ;
``` |

CAPITOLO 18. SCHEDE RIASSUNTIVE

| Somma delle righe | ```
for(i=0 ; i<N ; i++)
{
    somma = 0.0 ;
    for(j=0; j<M; j++)
        somma = somma + mat[i][j] ;
    sommarighe[i] = somma ;
}

for(i=0; i<N; i++)
    printf("Somma riga %d = %f\n", i+1, sr[i]) ;
``` |
| Somma delle colonne | ```
for(j=0 ; j<M ; j++)
{
    somma = 0.0 ;
    for(i=0; i<N; i++)
        somma = somma + mat[i][j] ;
    sommacolonne[j] = somma ;
}

for(j=0; j<M; j++)
    printf("Somma colonna %d = %f\n", j+1, sc[j]) ;
``` |
| Somma di tutto | ```
somma = 0.0 ;
for(i=0 ; i<N ; i++)
{
    for(j=0; j<M; j++)
        somma = somma + mat[i][j] ;
}

printf("Somma complessiva = %f\n", somma) ;
``` |
| Ricerca di un elemento | ```
trovato = 0 ;
riga = -1 ;
col  = -1 ;

for(i=0; i<N && trovato==0; i++)
    for(j=0; j<M && trovato==0; j++)
        if( mat[i][j]==dato )
        {
            trovato=1 ;
            riga = i ;
            col = j ;
        }

if(trovato==1)
    printf("Dato %f presente: (%d,%d)\n",
        dato, riga+1, col+1) ;
else
    printf("Dato %f non presente\n", dato) ;
``` |

Definizione di vettori di stringhe (matrici di caratteri)

`char vett[MAX][LUN+1] ;`

char	Tipo base `char`
vett	Nome del vettore (arbitrario)
MAX	Numero di righe, ossia numero di *stringhe* diverse da memorizzare. Deve essere **costante** (numerica o simbolica)
LUN+1	Numero di colonne, ossia lunghezza massima delle stringhe (max LUN caratteri più il terminatore nullo). Deve essere **costante** (numerica o simbolica)

Confronto tra stringa e vettore di stringhe

`char s[LUN+1] ;`	`char v[MAX][LUN+1] ;`
`s[i]` è un singolo carattere	`v[i][j]` è un singolo carattere
`s` è l'intera stringa	`v[i]` è un'intera stringa
	`v` è l'intera matrice

18.7 Tipi di dato in C

Il sistema dei tipi di dato in C

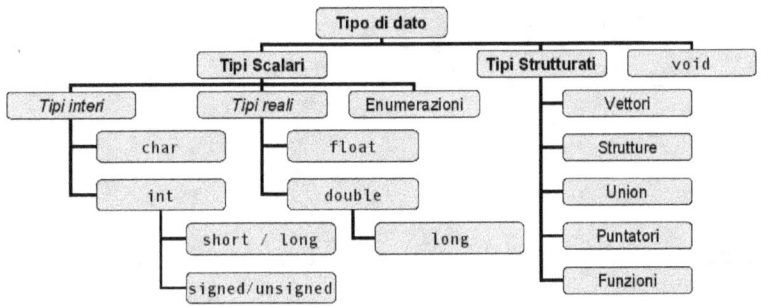

I tipi interi

Tipo	<limits.h> Min	Max	N.bit	compilatore gcc Min	Max
char	CHAR_MIN	CHAR_MAX	8	−128	127
int	INT_MIN	INT_MAX	32	−2 147 483 648	2 147 483 647
short int	SHRT_MIN	SHRT_MAX	16	−32 768	32 767
long int	LONG_MIN	LONG_MAX	32	−2 147 483 648	2 147 483 647
unsigned int	0	UINT_MAX	32	0	4 294 967 295
unsigned short int	0	USHRT_MAX	16	0	65 535
unsigned long int	0	ULONG_MAX	32	0	4 294 967 295

I tipi reali

Tipo	N.bit	Mantissa	Esponente	Min/Max	Epsilon
float	32	23 bit	8 bit	$\pm 3.402 \cdot 10^{+38}$	$\pm 1.175 \cdot 10^{-38}$
double	64	53 bit	10 bit	$\pm 1.797 \cdot 10^{+308}$	$\pm 2.225 \cdot 10^{-308}$

Specificatori di formato

Tipo	scanf	printf
char	"%c"	"%c", "%d"
int	"%d"	"%d"
short int	"%hd"	"%hd", "%d"
long int	"%ld"	"%ld"
unsigned int	"%u", "%o", "%x"	"%u", "%o", "%x"
unsigned short int	"%hu"	"%hu"
unsigned long int	"%lu"	"%lu"
float	"%f"	"%f", "%g"
double	"%lf"	"%f", "%g"

Conversioni di tipo automatiche

Promozione automatica	da	...	a
	char	...	int
	short int	...	int
	int	...	long int
	long int	...	double
	float	...	double

Conversioni di tipo esplicite

Tra tipi scalari	(nuovotipo)espressione

Da stringa a numero	`gets(line) ;`
	`x = atoi(line) ;  /* int */`
	`x = atol(line) ;  /* long */`
	`x = atof(line) ;  /* float o double */`

18.8 Funzioni in C

Definizione di funzioni

- **Prototipo**: dichiarazione del nome, dell'interfaccia e del tipo delle variabili. Ricorda: finisce con un punto-e-virgola!

    ```
    int leggi(int min, int max) ;
    ```

- **Definizione**: dichiarazione dell'interfaccia e definizione del corpo effettivo della funzione. Nessun punto-e-virgola! Ricorda: necessaria l'istruzione `return`.

    ```
    int leggi(int min, int max)
    {
        int val ;

        /* ... codice del corpo della funzione ... */

        return val ;
    }
    ```

- **Chiamata**: utilizzo della funzione all'interno di un altra funzione

    ```
    int main(void)
    {
        int x, a, b ;
        ...
        x = leggi(a, b) ;
        ...
    }
    ```

Parametri delle funzioni

- Tipi scalari, passati *by value*

    ```
    int funz(int x, double f) ;
    ```

- Vettori, passati *by reference*

    ```
    int funz(int v[]) ;
    ```

- Tipi scalari, passati *by reference*

    ```
    int funz(int *x, double *f)
    {
        *x = 1 ;
        *f = 2.3 ;
    }

    ...

    funz( &i, &w ) ;
    ```

CAPITOLO 18. SCHEDE RIASSUNTIVE

La funzione `main`

```
int main(int argc, char *argv[])
{
    printf("%d argomenti ricevuti\n", argc ) ;

    printf("Nome del programma: %s\n", argv[0] ) ;

    printf("Primo argomento: %s\n", argv[1] ) ;

    exit(0) ; /* termina con successo */

    exit(1) ; /* termina con errore */
}
```

Vediamo gli argomenti ricevuti

```
#include <stdio.h>

int main(int argc, char *argv[])
{
    int i ;

    printf("argc = %d\n", argc) ;
    for(i=0; i<argc; i++)
    {
        printf("argv[%d] = \"%s\"\n", i, argv[i]) ;
    }
}
```

18.9 I/O Avanzato in C

Funzione `sscanf`

r = sscanf(str, "formato", &variabili) ;	
`str`	Stringa da cui acquisire i dati
`"formato"`	Sequenza dei campi da leggere (`"%d"`, `"%s"`, ...)
`&variabili`	Variabili nelle quali depositare i valori estratti dalla stringa
`r`	Valore di ritorno: numero di `&variabili` lette con successo

Formato di output avanzato

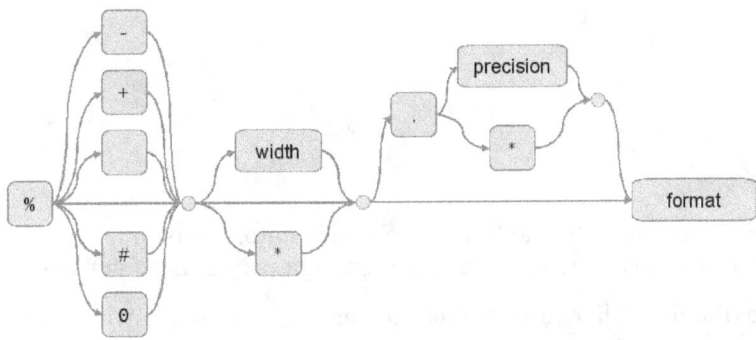

- format: carattere d, f, c, s

- width: lunghezza totale, numero minimo di caratteri stampati

- .precision: dipende dal formato:

    - `"%d"`: numero minimo numero di caratteri totali (eventualmente aggiunge 0 a sinistra)

    - `"%f"`: numero massimo di cifre dopo la virgola

    - `"%s"`: massimo numero di caratteri (stringhe più lunghe vengono troncate)

- modificatori iniziali di riempimento ed allineamento:
    - `"-"`: allinea a sinistra anziché a destra
    - `"+"`: aggiungi il segno anche davanti ai numeri positivi
    - `"_"`: aggiungi uno spazio davanti ai numeri positivi
    - `"0"`: aggiungi 0 iniziali fino a width
    - `"#"`: formato "alternativo" (dipende dai casi, vedere documentazione)

Formato di output avanzato – esempi

`printf("%d", 13) ;`	`13`
`printf("%1d", 13) ;`	`13`
`printf("%3d", 13) ;`	`␣13`
`printf("%f", 13.14) ;`	`13.140000`
`printf("%6f", 13.14) ;`	`13.140000`
`printf("%12f", 13.14) ;`	`␣␣␣13.140000`
`printf("%6s", "ciao") ;`	`␣␣ciao`
`printf("%.1d", 13) ;`	`13`
`printf("%.4d", 13) ;`	`0013`
`printf("%6.4d", 13) ;`	`␣␣0013`
`printf("%4.6d", 13) ;`	`000013`
`printf("%.2s", "ciao") ;`	`ci`
`printf("%.6s", "ciao") ;`	`ciao`
`printf("%6.3s", "ciao") ;`	`␣␣␣cia`
`printf("%.2f", 13.14) ;`	`13.14`
`printf("%.4f", 13.14) ;`	`13.1400`
`printf("%6.4f", 13.14) ;`	`13.1400`
`printf("%9.4f", 13.14) ;`	`␣␣13.1400`
`printf("%6d", 13) ;`	`␣␣␣␣13`
`printf("%-6d", 13) ;`	`13␣␣␣␣`
`printf("%06d", 13) ;`	`000013`
`printf("%6s", "ciao") ;`	`␣␣ciao`
`printf("%-6s", "ciao") ;`	`ciao␣␣`
`printf("%d", 13) ;`	`13`
`printf("%d", -13) ;`	`-13`
`printf("%+d", 13) ;`	`+13`
`printf("%+d", -13) ;`	`-13`
`printf("%_d", 13) ;`	`␣13`
`printf("%_d", -13) ;`	`-13`

Come ragiona `scanf`

- Controlla un carattere alla volta nella stringa di formato, "consumando" via via i caratteri che trova nell'input (tastiera per `scanf`, stringa per `sscanf`, file per `fscanf`).

- Se l'input è vuoto (file in condizione di end-of-file per `fscanf`, oppure stringa vuota per `sscanf`), la funzione ritorna `-1`.

- Se nella stringa di formato vi è:
    - un qualsiasi carattere di spaziatura (secondo la definizione di `isspace()`: spazio, tab `\t`, a capo `\n`), allora `scanf` "consuma" tutti gli eventuali caratteri di spaziatura che incontra, fino al primo carattere non-di-spaziatura, il quale non viene ancora consumato.
    - un carattere non di spaziatura, diverso da `%`, allora `scanf` si aspetta che ci sia esattamente *quel* carattere nell'input. Se c'è, esso viene consumato, altrimenti `scanf` si ferma.

- il carattere %, che viene interpretato in funzione del tipo di dato che deve essere letto.
    * Se il comando *non* è %c, allora vengono innanzitutto "consumati" e scartati eventuali caratteri di spaziatura (come se vi fosse uno spazio nella stringa di formato).
    * Vengono quindi consumati i caratteri successivi, fino a che non si incontra un primo carattere di spaziatura oppure un primo carattere che non è compatibile con il formato specificato.
    * I caratteri validi incontrati vengono convertiti nel tipo di dato opportuno, e memorizzati nella variabile specificata.
    * Se il primo carattere che si era incontrato era già un carattere non compatibile, allora in dato non può essere letto e scanf si ferma.
- Viene ritornato al chiamante il numero di variabili lette con successo.

Formato di input avanzato

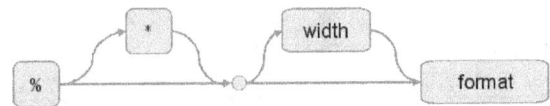

- width: numero massimo di caratteri letti in questa conversione
- *: legge un dato del formato specificato, ma non lo memorizza in alcuna variabile

Formato di input avanzato – esempi

Istruzione	Input	Risultato
`scanf("%d", &x) ;`	134xyz	x = 134
`scanf("%2d", &x) ;`	134xyz	x = 13
`scanf("%s", v) ;`	134xyz	v = "134xyz"
`scanf("%2s", v) ;`	134xyz	v = "13"
`scanf("%d %s", &x, v) ;`	10␣Pippo	x = 10, v = "Pippo"
`scanf("%s", v) ;`	10␣Pippo	x invariato, v = "10"
`scanf("%*d %s", v) ;`	10␣Pippo	x invariato, v = "Pippo"

Pattern %[...]

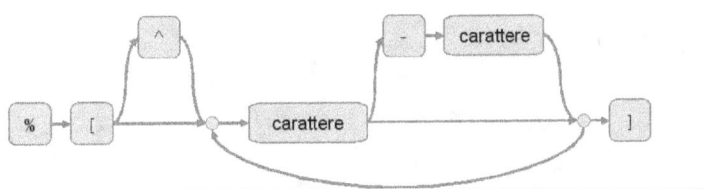

`"%[r]"`	Legge solo sequenze di 'r'
`"%[abcABC]"`	Legge sequenze composte da 'a', 'b', 'c', 'A', 'B', 'C', in qualsiasi ordine e di qualsiasi lunghezza
`"%[a-cA-C]"`	Idem come sopra
`"%[a-zA-Z]"`	Sequenze di lettere alfabetiche
`"%[0-9]"`	Sequenze di cifre numeriche
`"%[a-zA-Z0-9]"`	Sequenze alfanumeriche
`"%[^x]"`	Qualunque sequenza che non contiene 'x'
`"%[^\n]"`	Legge fino a file riga (escluso)
`"%[^,;.!?␣]"`	Si ferma alla punteggiatura o spazio
`"%[^␣\t\n]"`	Equivalente al "classico" `"%s"`

Stampa messaggi di errore

```c
int myerror(const char *message)
{
    fputs( message, stderr ) ;
    exit(1) ;
}
```

18.10 Gestione dei file in C

Funzioni principali

`f = fopen(nome, modo);`	Apertura di un file
`fclose(f);`	Chiusura di un file
`if ( feof(f) ) ...`	Verifica se è stata raggiunta la fine del file (in lettura)
`ch = fgetc(f) ;`	Leggi un singolo carattere
`fgets(s, LUN, f) ;`	Leggi un'intera riga
`fputc(ch, f) ;`	Stampa un singolo carattere
`fputs(s, f) ;`	Stampa un'intera riga
`fprintf(f, "%d\n", i) ;`	Stampa in modo formattato
`fscanf(f, "%d\n", &i) ;`	NON USARE MAI. Usare `fgets`+`sscanf`

Modi di accesso al file

`"r"`	Lettura di un file esistente
`"w"`	Scrittura da zero di un file nuovo o ri-scrittura di un file esistente
`"a"`	Scrittura da zero di un file nuovo o aggiunta in coda ad un file esistente

Lettura di un file di testo per caratteri

```c
#include <stdio.h>
#include <stdlib.h>

int main(int argc, char *argv[])
{
  FILE * f ;
  int ch ;

  f = fopen( "nomefile", "r" ) ;
  if( f == NULL )
  {
    printf("Impossibile aprire il file\n");
    exit(1) ;
  }

  while( ( ch = fgetc(f) ) != EOF )
  {
    /* elabora il carattere ch */
  }

  fclose(f) ;

  exit(0) ;
}
```

Lettura di un file di testo per righe

```c
#include <stdio.h>
#include <stdlib.h>

int main(int argc, char *argv[])
```

```c
{
  const int LUN = 200 ;

  FILE * f ;
  int riga[LUN+1] ;

  f = fopen( "nomefile", "r" ) ;
  if( f == NULL )
  {
    printf("Impossibile aprire il file\n");
    exit(1) ;
  }

  while( fgets(riga, MAX, f) != NULL )
  {
     /* elabora la riga contenuta in riga[] */
  }

  fclose(f) ;

  exit(0) ;
}
```

Capitolo *19*

Funzioni di utilità

19.1 Funzione myerror

Prototipo

```
void myerror(char *messaggio) ;
```

Definizione

```
#include <stdio.h>
#include <stdlib.h>

void myerror(char *messaggio)
{
  fprintf(stderr, ``%s'', messaggio) ;

  exit(1) ;
}
```

19.2 Funzione myfopen

Prototipo

```
#include <stdio.h>

FILE * myfopen(const char *name, const char *mode) ;
```

Definizione

```
#include <stdio.h>

FILE * myfopen(const char *name, const char *mode)
{
  FILE * f ;
  char msg[201] ;

  f = fopen( name, mode ) ;
  if (f==NULL)
  {
    snprintf(msg, 200, "Impossibile aprire il file %s\n", name) ;
    myerror(msg) ;
  }
  return f ;
}
```

19.3 Funzione myfclose

Prototipo

```c
#include <stdio.h>

int myfclose(FILE *f) ;
```

Definizione

```c
#include <stdio.h>

int myfclose(FILE *f)
{
  int ris ;

  if (f==NULL)
  {
    myerror("ERRORE_INTERNO\n") ;
  }

  ris = fclose(f) ;
  if( ris!=0 )
  {
    myerror("Impossibile_chiudere_il_file\n") ;
  }
  return ris ;
}
```

Licenza e Colophon

Questo volume è stato redatto con il sistema di composizione LaTeX[1] utilizzando il modello di stile `memoir`[2] ed includendo i listati mediante il pacchetto `listings`[3].

Il contenuto del testo è rilasciato con la licenza Creative Commons Attribuzione - Non commerciale - Condividi allo stesso modo 2.5 Italia (CC BY-NC-SA 2.5)[4].

---

[1] http://www.latex-project.org/
[2] http://www.ctan.org/tex-archive/macros/latex/contrib/memoir/
[3] http://www.ctan.org/tex-archive/macros/latex/contrib/listings/
[4] http://creativecommons.org/licenses/by-nc-sa/2.5/it/

www.ingramcontent.com/pod-product-compliance
Lightning Source LLC
Chambersburg PA
CBHW081046170526
45158CB00006B/1874

9781291012880